Clara – Texte und Bilder zum Film

Hartmut Palmer – Konrad Rufus Müller

Clara

Texte und Bilder zum Film

HENSCHEL VERLAG

www.henschel-verlag.de
www.seemann-henschel.de

Wir danken der Filmstiftung NRW, der Integralfilm und der Helma Sanders Filmproduktion
für die großzügige Unterstützung bei der Realisierung dieses Bildbandes.

Bibliografische Information Der Deutschen Nationalbibliothek
Die Deutsche Nationalbibliothek verzeichnet diese Publikation in Der Deutschen National-
bibliografie; detaillierte bibliografische Daten sind im Internet über http://dnb.ddb.de abrufbar.

ISBN: 978- 3-89487-605-0

© 2008 by Henschel Verlag in der Seemann Henschel GmbH & Co. KG

© Schwarzweißfotos by Konrad Rufus Müller
© Farbfotos by Integralfilm/Bernd Spauke/Wolfgang Ennenbach/Jan Feil
© Gemälde Clara und Robert Schumann bzw. Johannes Brahms by AKG, Berlin

Die Verwertung der Texte und Bilder, auch auszugsweise, ist ohne Zustimmung des Verlags
urheberrechtswidrig und strafbar. Dies gilt auch für Vervielfältigungen, Übersetzungen,
Mikroverfilmungen und für die Verarbeitung mit elektronischen Systemen.

Lektorat: Susanne Van Volxem
Umschlaggestaltung: Ingo Scheffler, Berlin
Umschlagbild (vorne): Integralfilm/Bernd Spauke
Umschlagbild (hinten): Konrad Rufus Müller
Satz und Gestaltung: Gudrun Hommers, Berlin
Druck und Bindung: Offizin Andersen Nexö, Leipzig
Printed in Germany

Gedruckt auf alterungsbeständigem Papier mit chlorfrei gebleichtem Zellstoff

Inhalt

7   *Über Clara*
      Von Helma Sanders-Brahms

13   *Clara – ein Lebensprojekt nimmt Gestalt an*
      Von Hartmut Palmer

53   *Clara – Fotografische Impressionen*
      Von Konrad Rufus Müller

111   *»Zwischen Hölle und Himmel«*
      Interview mit Helma Sanders-Brahms
      Von Hartmut Palmer

122   *»Das Klavier war der Schlüssel«*
      Interview mit Martina Gedeck
      Von Hartmut Palmer

     ANHANG

133   Die historischen Persönlichkeiten:
      Clara Schumann
      Robert Schumann
      Johannes Brahms

136   Der Film:
      Inhalt
      Bio- und Filmografien
      Produktionsdaten

143   Weiterführende Literatur
      Anmerkungen

Über Clara

Von Helma Sanders-Brahms

Als ich den Film »Deutschland bleiche Mutter« machte, habe ich das Bild meiner frühen Kindheit in Krieg und Nachkriegszeit gezeigt. Eine sehr persönliche Geschichte zwischen mir und meiner Mutter mitten im Zweiten Weltkrieg, die von den Zuschauern als die Geschichte einer ganzen Generation erkannt wurde und, mehr als das, in vielen Ländern dieser Erde einen entscheidenden Einfluss auf das jeweilige Deutschlandbild hatte. Das galt für Japan ebenso wie für Frankreich, für Israel ebenso wie für Indien, für Kanada ebenso wie für die USA und England.

Noch einmal möchte ich ein großes deutsches Thema in einem Film bearbeiten, das für mich als Frau im Kultur- und Kunstbetrieb eine große persönliche Bedeutung hat und das in diesem Fall verbunden ist mit dem – neben dem großen Krieg – zweiten Bild von Deutschland, das die Welt zutiefst in sich aufgenommen hat, dem der Romantik und ihrer gefühlserforschenden, gefühlsverherrlichenden Musik.

Wieder ist es eine Geschichte, in der eine Frau im Mittelpunkt steht. Diesmal ist es nicht meine Mutter, die außer mir und meiner Familie nur wenige Menschen kannten, sondern der erste weibliche europäische Weltstar, den meine Nation hervorgebracht hat. Eine Pianistin, die auf Konzertbühnen gleichrangig neben dem großen Franz Lizst gefeiert wurde, selbst eine erfolgreiche Komponistin, die dabei noch den zwei bedeutendsten deutschen Komponisten ihrer Zeit zum Durchbruch verhalf. Clara Schumann, geborene Wieck, in der Dreiecksbeziehung zwischen Robert Schumann und Johannes Brahms, aber auch in dem Konflikt zwischen ihrer Rolle als Ehefrau eines manisch-depressiven Mannes (Robert Schumann), der verehrten Göttin eines genialen Jünglings (Johannes Brahms) und der Mutter von – zur Zeit der hier geschilderten Ereignisse – sechs Kindern. Die Last, die Familie wie den kranken Mann zu ernähren, lag fast ausschließlich auf ihren schmalen Schultern. Dafür musste sie Abend für Abend auf den Konzertbühnen zwischen Den Haag und St. Petersburg, zwischen London und Wien bestehen – bis im Kopf ihres Mannes das überkommene Rollenbild von Mann und Frau sie zu Haus und Herd zurückbrachte und damit die Katastrophe heraufbeschwor, der Robert Schuman selbst zum Opfer fallen, aus der aber auch der junge Brahms und Clara mit tiefen Verletzungen hervorgehen sollten.

Es ist nicht das erste Mal in der Historie des Kinos, dass diese Geschichte in einen Film eingeht. 1944 erlebte sie in dem UFA-Film »Träumerei« ihren ersten Triumph, der sich dann mit der Hollywood-Verfilmung von 1947 »Song of Love« mit Katherine Hepburn als Clara und Paul Henreid als Robert Schumann mit weltweitem Echo wiederholen sollte.

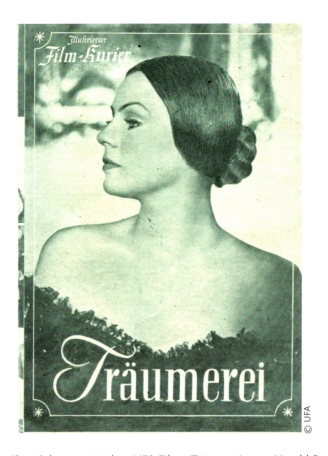

Hilde Krahl als Clara Schumann in dem UFA-Film »Träumerei« von Harald Braun

Die Besetzung der Clara Schumann erfordert – wie Katherine Hepburn in »Song of Love« eindrucksvoll zeigt – eine ungewöhnlich starke und zugleich fragile Persönlichkeit der Hauptdarstellerin, die keine nationalen Einengungen verträgt, sondern in jedem Augenblick erkennbar macht, dass es sich hier um einen Weltstar der Musik handelt, eine Frau fähig zu subtilsten Gefühlen, zu einer außerordentlichen Urteilskraft und zu einer eisernen Disziplin.

Es geht um eine hochbegabte, eine geniale Frau im Konflikt zwischen Karriere, Mann und Kindern, die sich gegen ihren Willen opfern muss, um das Leben um sich herum zu erhalten – in einem Augenblick, in dem sie die ersten Ängste vor dem Alter an sich entdeckt. Zweifel an der Liebe, Zweifel an sich selbst in der einen wie der anderen Rolle, der des gefeierten Stars wie der der Hausfrau und liebenden Gattin und Mutter. Ein Konflikt, der sich vor über 150 Jahren abgespielt hat und der doch brandaktuell ist.

Clara Schumann hat ihr Leben damit begonnen, dass sie um ihre Karriere gekämpft hat, aber schon sehr früh, mit elf Jahren, ist neben die Karriere als Lebenssehnsucht die nach der großen Liebe getreten, in die sie sich rettungslos gestürzt hat, gegen den Willen des Vaters, gegen die eigenen Interessen als Künstlerin. Sie hat sich durch die Heirat mit Robert Schumann an einen Mann gebunden, der eine fast zu große Bürde für sie darstellt, den sie aber auch als Quelle der Inspiration und der tiefen Auseinandersetzung braucht. Schumann gewöhnt sich in der Zeit der großen Tourneen mit ihr daran, auf großem Fuß zu leben, finanziert durch Claras Einkünfte als Star der internationalen Konzertbühnen. Nun, da er eine Stellung als Musikdirektor in Düsseldorf bekleidet, sind, wie er es sieht, die Rollen endlich umgekehrt.

Doch Robert Schumann erweist sich als nicht in der Lage, die Position auszufüllen, nach der er so lange gestrebt hat, um Clara endlich gleichrangig zu sein. Und obendrein wird er krank. Seine Krankheit indes macht ihr die Rückkehr in die Rolle der Ernährerin und des weltweit gefeierten Stars unmöglich. Sie müsste wieder reisen, sie müsste sich nach der erzwungenen Pause wieder im Musikbetrieb durchsetzen – und dafür müsste sie dem kranken, erfolglosen Mann den Rücken kehren, der ihre große Liebe war und noch immer ist, dem Vater ihrer Kinder, dem genialen Komponisten, der ihrem Leben eine größere Dimension, einen Auftrag gegeben hat.

Aber die Geschichte führt uns noch ein Stück weiter. Der Kampf um die künstlerische Vollendung und für die Unsterblichkeit ist auch ein Kampf gegen die Begrenztheit des Lebens durch Alter und Tod. Clara weiß, dass Schumanns Werk

Künstlerin und Mutter: Clara Schumann (M. Gedeck) mit ihren (Film-)Kindern

Komplizierte Dreiecksbeziehung: Clara (M. Gedeck) und Robert Schumann (P. Greggory) lauschen dem Spiel des jungen Johannes Brahms (M. Zidi)

den dahinsiechenden Mann überleben, ihn unsterblich machen wird. Sein Argument, dass eine Frau in ihren Kindern überlebt, ist ihr kein Trost. Sie spürt, dass die Energie ihrer Kinder geringer ist als ihre eigene. Unbewusst sucht sie nach dem neuen, dem anderen Mann, durch den sie die große Tat ihres Lebens wiederholen kann: ein unsterbliches Genie entdecken, das sie der Welt präsentieren kann.

Schumann ist enttäuscht von sich selbst. Die Erwartungen, die er an sich gestellt hat, haben sich nicht erfüllt, und er glaubt, auch in ihren Augen als Versager dazustehen. Folglich zieht er sich mehr und mehr in sich zurück. Und auch er sucht einen neuen Partner, einen Menschen, mit dem er noch einmal neu beginnen kann.

Erstaunlicherweise erfüllen sich mit dem Eintritt des jungen Brahms in das Haus Schumann die Sehnsüchte von beiden, die von Clara wie die von Robert. Gerade dadurch erhalten sie eine Sprengkraft, die die Beziehung zwischen den Eheleuten zerstören muss – und das bei Brahms' bestem Willen, es nicht nur beiden, sondern obendrein auch den Kindern recht zu machen. Er erscheint als derjenige,

Die beiden Freunde und Rivalen: Robert Schumann (P. Greggory, im Hintergrund) und Johannes Brahms (M. Zidi)

der alle Konflikte lösen kann – und wird letztlich zu demjenigen, der die Katastrophe auf die Spitze treibt, bis hin zu Schumanns Selbstmordversuch und seiner freiwilligen Einlieferung in die Irrenanstalt. Brahms ist aber am Ende auch derjenige, der die Versöhnung und die Wiederentdeckung der Liebe ermöglicht – auf seine eigenen Kosten.

Eine schreckliche, eine wunderbare, eine schlimme und eine gute Geschichte. Eine Geschichte von Musik und Menschen. Um sie ganz zu begreifen, muss man die Musik hören. Hat man sie einmal begriffen, wirkt die Musik umso tiefer. Denn es ist zwar die Geschichte dreier Genies der Menschheit, aber den Keim zu allem, was sie antrieb, tragen auch wir in uns. Wir sind Geist von ihrem Geist, das fühlen wir, wenn wir die Musik von Robert und Clara Schumann und die von Johannes Brahms hören.

Clara – ein Lebensprojekt nimmt Gestalt an

Annäherungen an Helma Sanders-Brahms' Film über Clara Schumann
– ein Werkstattbericht

Von Hartmut Palmer

Ana

Musik. Herrliche Musik. Klaviermusik. Sie dringt aus allen Ritzen, aus Fenstern und Türen, schallt in den Park, kommt zurück aus den Höfen und Ecken des alten Schlosses, eilt durch lange leere Flure, füllt hohe Räume, steigt auf zu herrlichen Stuckdecken, wandert über altes Parkett, wird lauter, kommt näher, ist ganz nah, tönt, perlt, betört …

An fast allen Drehorten hat Musik eine wichtige Rolle gespielt: im alten k.u.k.-Offizierskasino in Budapest, im prächtigen Theater der ungarischen Provinzstadt Kecskemét, auf Burg Bergerhausen im rheinischen Kerpen. Musik war überall. Musik ist der Schlüssel zu diesem Film. Aber hier, im Schloss Eller bei Düsseldorf, kommt sie direkt aus dem Klavier. Nichts muss gedoubelt und hinzugefügt werden. Alles ist echt: Das Klavier, die Musik und – das Wunderkind.

Man hat ihr ein wunderbar geschnittenes, festliches Kleid aus silbergrauer Seide angezogen und die Haare so frisiert, wie Clara Schumann sie einst trug, als sie noch Clara Wieck war, die Tochter des Klavier- und Musikalienhändlers Friedrich Wieck aus Leipzig. Und sie sieht auch so aus, wie Zeitgenossen die junge Clara beschrieben: »Das feine, hübsche Gesichtchen mit den etwas fremdartig geschnittenen Augen, der freundliche Mund mit dem sentimentalen Zug, der dann und wann etwas spöttisch – besonders wenn sie antwortet – sich verzieht, dazu das graziös Nachlässige in ihren Bewegungen – nicht studiert, aber weit über die Jahre hinausgehend! Es ist, als wisse das Kind eine lange, aus Schmerz und Lust geborene Geschichte zu erzählen, und dennoch – was weiß sie? – Musik.«[1]

Das Wunderkind heißt Ana Madzarewic, ist zwölf Jahre alt, kommt aus Köln und ist schon ein Star wie einst Clara in ihrem Alter. Mit ihrem herrlichen Klavierspiel hat sie die Filmcrew verzaubert und das seit Jahren leer stehende Schloss – das einst einer Preußenprinzessin gehörte, später einem bergischen Industriellen, dann der Hitlerjugend und schließlich der Stadt Düsseldorf – aus seinem Dornröschenschlaf gerissen. Als sie fertig ist mit ihrem virtuosen Spiel, klatschen die Filmleute Beifall. Auch das passiert nicht jeden Tag am Set. »Das war sehr gut«, ruft die Regisseurin Helma Sanders-Brahms. »Toll«, sagt das Scriptgirl Britta Butzmühlen.

»Wunderbar«, schwärmt David Steinberger, der Regieassistent. »Das Mädchen ist ein Glücksfall«, murmelt Kameramann Jürgen Jürges, der nie zu Übertreibungen neigt. »Großartig«, sagt Riccarda Merten-Eicher, die Kostümbildnerin, die für Ana das Kleid hat schneidern lassen. Sogar Bernd Mayer, der »Greifer«, der den »Dolly« mit der Kamera schiebt, gerät noch Tage später, bei der Abschlussfeier, ins Schwärmen: »Wie die Kleine Klavier spielt und dabei ihren Film-Vater anlächelt, das ist für mich die schönste Szene im ganzen Film.«[2]

Ana scheint auf geheimnisvolle Weise mit dem Projekt »Clara« verbandelt zu sein. Ihre ungarische Mutter hat früher als Geigerin in dem Orchester in Budapest gearbeitet, das im Juni 2007 bei den Dreharbeiten in Ungarn, mit Martina Gedeck am Klavier, alle Konzertszenen des Films »Clara« eingespielt hat. Und das Casting, bei dem sie als junge Clara engagiert wurde, fand just in dem Haus in Köln statt, wo ihr serbischer Vater vor zwanzig Jahren einen kleinen Musikladen betrieb. Alles Zufall? Ihre ungarische Großmutter, auch Klavierspielerin, musste die Noten einer Partitur nur einmal lesen, um sie auswendig spielen zu können. Und da Noten im kommunistischen Ungarn Mangelware waren, ging sie in Budapest oft in die einzige öffentliche Bibliothek, wo man eine Partitur ein paar Stunden einsehen durfte, studierte sie und konnte sie hinterher auswendig. Das kann Ana auch. Sie spielt die Sonate, die einst die junge Clara für ihren Robert komponierte, derart präzise, dass der ungarische Tonmeister János Csáki, der sie vorab auf Tonband aufgenommen hat, die Konserve am Set jederzeit über Lautsprecher laufen lassen kann, wenn sie beim Filmen spielt – an keiner Stelle ist Anas Live-Musik schneller oder langsamer als die Musik vom Band, bei keinem Ton, keinem Akkord weicht ihr Spiel von der Konserve ab. Sie spielt nicht, sie *ist* Clara.

Neben ihr der junge Robert – auch er eine Überraschung. Nikolai Kinski spielt ihn, dem man die vietnamesische Mutter ansieht, aber eben auch Klaus Kinski, den legendären Vater. Auch er wurde stilsicher eingekleidet, trägt einen dunkelbraunen Biedermeierrock mit braunem Samtkragen, dazu eine dunkelrote Weste und eine große lilafarbene Schleife, Lavallière genannt – so wie man sich im Jahre 1830 eben zu kleiden pflegte. Und wenn der »Junge mit dem Erdbeermund« (*Rheinischer Merkur*) zu sprechen beginnt – »Du hast komponiert, Clara?« –, glaubt man, den Klaus Kinski der frühen Edgar-Wallace-Filme reden zu hören, so ähnlich klingt diese Stimme. Zugleich fällt einem natürlich Nastassja Kinski ein, Nikolais berühmte Halbschwester, die vor vierundzwanzig Jahren in Peter Schamonis »Frühlingsinfonie« die Clara spielte. »Wenn jede wirklich wichtige Schauspielerin einen Idealtypus verkörpert, dann ist Nastassja Kinski das Gesicht der deutschen Romantik«, jubelte noch Jahre später die *Frankfurter Allgemeine Zeitung*.[3]

Was für eine Szene! Was für eine Musik! Was für Assoziationen! Das wird, das muss der Anfang des Filmes sein.[4] Fast acht Wochen hat die Filmcrew nun schon gearbeitet. Nahezu alle Szenen sind abgedreht. Aber dieser Auftritt im Schloss wird den meisten in eindrucksvollster Erinnerung bleiben. Kamera, Mikrofone, Kabel, Generatoren, Scheinwerfer, Lichtreflektoren, der ganze technische Filmkram, sind wie weggezaubert. Wir sind noch am Set, aber zugleich schon im fertigen Film.

Seh-Sucht

Noch am Set und schon im Film, noch in der Gegenwart und schon in der Zukunft. Das ist ein seltsamer, ein aufregender, aber auch ein irritierender Spagat, der glücklich macht und schwindelig, weil Realität und Illusion, Traum und Wirklichkeit, Fiktion und Fakten bei dieser Zeitvermischung durcheinander geraten. Professionelle Filmemacher kennen das. Sie haben den »zweiten Blick«. Sie wissen, wie die Szene, die sie heute drehen, Monate später im fertigen Film aussehen wird. Ich weiß das nicht. Ich bin nur Zaungast bei dieser Filmproduktion. Aber an solchen Drehtagen wie diesem auf Schloss Eller ahne ich, dass die Gabe des simultanen Sehens und Vorhersehens glücklich *und* süchtig machen kann, wie Drogen. Der »zweite Blick« – das ist der Kick, den man braucht, um immer wieder aufs Neue beginnen und weiter machen zu können, gegen Widerstände und Unkenrufe und manchmal auch gegen jede ökonomische und praktische Vernunft, so wie der Spieler, der sich immer wieder die Roulettekugel gibt. Sie sei »eine Spieler-Natur«, bekennt die Regisseurin und nennt die Seh-Sucht sogar »eine der wichtigsten Voraussetzungen« für ihren Berufsstand: »Was ist das Rollen der Roulettekugel verglichen mit dem Surren der Kamera?«[5]

Als Zaungast am Set oder im Schneideraum freilich bekommt man von diesen Räuschen wenig mit. Dort geht es furchtbar nüchtern und technisch zu. Die Produktion von Illusionen ist ein mühsames, zeitraubendes Geschäft. Jedes Mal vergehen lange Stunden, bis die nächste Einstellung vorbereitet, und wieder und wieder Stunden, bis der letzte »Schuss« im Kasten ist, und dann Tage, Wochen, Monate, bis die Fülle des Gefilmten im Schneideraum gesichtet, gegliedert, sortiert, aneinandergefügt, auseinander gerissen, neu verteilt, vertont und schließlich endgültig montiert worden ist.

Ich habe die Entstehung dieses Filmes an vielen Drehtagen und vielen Drehorten – in Ungarn und in Deutschland – miterlebt, aber die »Angst« oder gar »Lust des Filmens«, von der die Regisseurin in ihrem Essay schreibt, habe ich dabei nicht verspürt. Wie denn auch? Ich war nur Gast. Meine gesellschaftliche Existenz, mein Ruf, meine Identität, hingen nicht vom Gelingen oder Misslingen des Filmes ab, ihre schon. Ich war nicht verantwortlich, musste meinen Kopf nicht hinhalten, konnte kommen und gehen, wann es mir passte, während sie sich anstrengen und schuften musste, um das Projekt im Rahmen des knappen Budgets zu vollenden. Dass die Nerven am Set manchmal blank lagen, dass es Spannungen, Verstimmungen, Verletzungen gab, ist unter diesen Umständen nicht verwunderlich. Eher ist es ein Wunder, dass dieser Film überhaupt zustande gekommen ist.

Ich hatte oft Mühe, mir vorzustellen, wie aus den Minutenschnipseln, deren »filmische Geburt«[6] ich gerade beobachtet hatte, jemals eine mich packende Filmszene und daraus zusammen mit anderen Szenen der fertige Film werden sollte, zumal die Schauspieler – wegen der am Set stets gebotenen Distanz zu dem Geschehen – für mich akustisch nur selten zu verstehen waren und in ihren Dialogen je nach Nationalität sowohl Deutsch als auch Französisch sprachen. Erst in der Synchronfassung wird das sprachliche Nebeneinander verschwinden, und erst dann wird man die leisen Töne verstehen, die am Set über das immer präsente Mikrofon aufgezeichnet wurden.

Wenn allerdings Musik mit im Spiel war, gelang der Zugang leichter. Als zum Beispiel in Budapest die Uraufführung der »Rheinischen Sinfonie« gedreht wurde und nach den letzten wuchtigen Akkorden des Orchesters etwa zweihundert ungarische Komparsen, in Biedermeierkostümen als Publikum verkleidet, begeistert von den Stühlen sprangen, Bravo riefen und Beifall klatschten, bekam ich eine Gänsehaut. Ich spürte, was für eine emotionale Wucht später, im fertigen Film von dieser Szene ausgehen würde.

Wenn ich hingegen manchmal zusah, wie Martina Gedeck, die Darstellerin der erwachsenen Clara Schumann, mit ungeheurem Temperament und vollem Körpereinsatz die Tastatur eines stillgelegten Filmklaviers traktierte, wie sie Läufe, Triller, Akkorde imitierte, wobei die Tasten nur trocken klapperten, die dazu gehörige Musik aber – nur für sie über Kopfhörer vernehmbar – vom Tonband kam, war ich jedes Mal beeindruckt von der Artistik ihrer Bewegungen. Noch mehr aber bewunderte ich den tollkühnen Mut der Regisseurin, die ganz sicher war, dass sich daraus später im Schneideraum die Illusion einer sensationellen Klavier-Performance würde herstellen lassen – was ja, wie ich inzwischen weiß, auch tatsächlich gelang: Wer Martina Gedeck jetzt im fertigen Film Klavier spielen sieht, wird einfach nicht glauben, dass diese Frau im richtigen Leben noch nie am Piano musiziert

Das Stadttheater im ungarischen Kecskemét, in dem die großen Konzerte gedreht wurden

Virtuelle Virtuosität: Martina Gedeck am Klavier

hat. Bei Anas Spiel am Set triumphierte noch die Realität über die Illusion. Martina Gedecks virtuelle Virtuosität im Film dagegen wird zum schauspielerischen Triumph der Illusion über die Realität.

Schmerzliche Schnitte

Die junge Clara liebt Robert, den kommenden Star am Musikhimmel, der einmal der bekannteste »Tondichter« der Romantik sein wird. Der eifersüchtig-misstrauische Vater will die begabte Tochter dem noch unbekannten Komponisten, diesem »Mondsüchtigen«, nicht überlassen. Man kennt das Drama.[7] Es ist ein großer Stoff: der Sieg der romantischen Liebe über die väterliche Vernunft.

Helma Sanders-Brahms aber will eine andere Geschichte erzählen. Der Konflikt mit dem Vater interessiert sie nur am Rande. Er sollte in der Ur-Fassung des Films eher beiläufig in der Eingangsszene mit dem Wunderkind Ana und dem jungen Kinski abgehandelt werden. Direkt danach sollte dann das Drama einer ganz anderen Dreiecksbeziehung beginnen: Die Geschichte der inzwischen erwachse-

Zwischen Mutterglück und Selbstverwirklichung: Clara (M. Gedeck) und Robert Schumann (P. Greggory) mit ihren (Film-)Kindern am Klavier

nen Clara, die ihrem Robert schon sechs Kinder geboren hat und mit dem siebten schwanger ist und die nun Johannes Brahms trifft, den neuen Stern am Firmament, in den sie sich verliebt. Nach Roberts Tod wäre sie frei für Johannes, der sie umwirbt und zutiefst verehrt. Doch sie entschließt sich, allein zu bleiben, weil sie wieder Musik machen, Konzerte geben muss. Sie ahnt, dass sie nur Künstlerin sein kann, wenn sie unabhängig bleibt. So entscheidet sie sich gegen das private Glück – und für die Einsamkeit in der Kunst.

Diese Clara ist eben nicht allein die dienende Muse ihres genialen Mannes, auf die sie ihre Zeitgenossen im neunzehnten Jahrhundert reduziert haben – und als die man sie auch auf dem Grabstein sieht, der schon zu ihren Lebzeiten auf dem Alten Friedhof über der später gemeinsamen Grabstätte in Bonn errichtet wurde. »Im madonnenhaften Faltenwurf ganz Körper, blickt sie [da] aus gebührendem Abstand zu ihm empor, Noten in der einen, den ihm zugedachten Lorbeerkranz in der anderen Hand.«[8]

Nein, die Clara der Helma Sanders-Brahms soll »den Konflikt zwischen Liebe und Selbstverwirklichung aufzeigen, den schöpferische Frauen immer wieder erleben«[9], das Ur-Dilemma also, das wohl auch die Filmautorin oft genug durchlitten hat. Clara muss nicht nur eine komplizierte Dreiecksbeziehung aushalten, sondern nebenbei auch noch um ihre Existenz kämpfen, Konzerte geben, Geld verdienen, sich selbst und die vielköpfige Familie ernähren.

Es gibt schon zwei Spielfilme, in denen dieser Konflikt thematisiert wird.[10] In beiden kommt auch Johannes Brahms als junger, aufstrebender Nachwuchs-

Keine Kutschfahrt ...

komponist vor. »Allerdings ist Brahms in beiden Filmen ein Fadling. Er tritt nur als guter Freund und Helfer in Erscheinung, sein erotisches Potential, das man aus seiner Musik wie aus seinen Jugendfotos erkennen kann, ist in betulicher Weise verschwiegen. Das hat mich ärgerlich gemacht«[11], bekennt Helma Sanders-Brahms. Ihr Brahms soll kein Fadling sein, sondern ein wilder, heftig entbrannter Werther, der seine Gefühle für die Geliebte nur deshalb zügelt, weil er deren Mann, Robert Schumann, als großes Genie schätzt und verehrt.

Im Schneideraum hat die Regisseurin dieser großen, vergeblichen Liebe alle Szenen geopfert, die das glückliche, jung vermählte Ehepaar Schumann in seinen ersten Jahren zeigten. Es waren helle, fröhliche Bilder, die meisten davon in Ungarn gedreht. Wie viele Stunden hat sie in glühender Hitze – auf dem Gelände des Eisenbahnmuseums von Budapest – eine uralte Lok mit zwei Waggons aus österreichisch-ungarischen Zeiten, als rheinische Bimmelbahn umfrisiert, hin und her fahren lassen? Im Schneideraum bleiben von der Mühsal eines ganzen Tages maximal zwanzig Filmsekunden übrig. Alles andere fällt der Schere zum Opfer. Wie oft wurde die Szene wiederholt, in der die junge Mutter Clara Abschied von ihren Kindern nehmen muss? Wie oft mussten die Kutschfahrt aus dem Hamburger Hafen, die Gerichtsverhandlung, die Hochzeit des jungen Paares gedreht werden? Tagelang ging das so in Ungarn. Und jetzt: keine Kutschfahrt, keine Gerichtsverhandlung, keine Hochzeit – und von den langen Eisenbahnszenen nur ein paar kleine Schnipsel, mit denen der Film jetzt beginnt.

Ursprünglich war es anders geplant. Auf das furiose Vorspiel der jungen Clara sollte mit einem jähen, tiefen Schnitt unmittelbar im Anschluss – unterbrochen nur durch den tonlosen Textvorspann des Films – das großartige a-moll-Klavierkonzert von Robert Schumann folgen, der erste Filmauftritt der erwachsenen Clara als Solistin am Klavier mit großem Orchester. Aus dem beschaulichen Biedermeiersalon der Musikalienhandlung Wieck, wo er eben noch das junge Wunderkind Clara bestaunte, wäre der Zuschauer mit einem Paukenschlag in einen großen Konzertsaal katapultiert worden – das mit Plüsch und rotem Samt prächtig ausgestattete Stadttheater im ungarischen Kecskemét. Hier nehmen die beiden Ri-

... kein Picknick ...

... und von den vielen Eisenbahnszenen nur noch ein paar Schnipsel

valen Robert und Johannes zum ersten Mal mit ihren Blicken Maß. Hier hätte dann das Dreiecksdrama aus Leidenschaft und Eifersucht beginnen können. Wäre, hätte, sollte! Der furiose Sprung vom Wunderkind Clara Wieck zur erwachsenen Konzertpianistin Clara Schumann, den Helma Sanders-Brahms vor Augen hatte, als sie die Eingangsszenen drehte, hat – nach der Amputation dieser Eingangsszene – seinen Ausgangspunkt und damit seine innere Logik verloren. Dieser ihr aufgezwungene Schnitt tut der Filmautorin Helma Sanders-Brahms immer noch weh.

Dabei liebt sie die Arbeit im Schneideraum. Schneiden sei wie Komponieren, hat sie einmal geschrieben. »Der Schnitt schafft die Rhythmisierung des Films. Er schafft Spannungen, Gegensätze. Er gliedert die Zeit, die sonst unbeirrbar dahin fließt, nach menschlichem Gutdünken. Durch den Schnitt vor allem wird klar, dass Film und Musik eines gemeinsam haben: dass sie nämlich in der Zeit stattfinden, dass sie sich nur in der Zeit realisieren können. Anders zum Beispiel als ein Gemälde, eine Fotografie, zu der man immer wieder zurückkehren kann, ist ein Film wie ein Musikstück nur dann begreifbar, wenn er/es während der Zeit seiner Dauer erlebt wird.«[12]

Dass Schneiden auch schmerzen kann, dass jeder Schnitt ein bitterer Abschied und die Einsamkeit des Schneideraums viel entsetzlicher ist als die gemeinsam verbrachten Tage und Wochen am Set – davon weiß der Kinobesucher nichts. Er wird keines der geschnittenen Bilder vermissen. Nur die »Soldaten« und die Schauspieler werden sich verwundert die Augen reiben.

Die Unbekannten Soldaten

Sie nennen sich »Gaffer« und »Best Boy«, »Key Grip« und »Clapper«, »Sound Engineer« und »Boom Operator«, »Set Manager« und »Script/Continuity«, »First« und »Second Assistant Director«, »Unit« und »Location Manager«. Im richtigen Leben heißen sie Stephan und Celio, Bernd und Max, János und Jozsef, Bernd und Britta, David und Djemila, Charlie und Markus Leander. Ihre Nachnamen spielen eigentlich keine Rolle, denn am Set redet sich jeder mit Vornamen und Du an, wie das so üblich ist, wenn man am Fließband malocht, auf dem Bau oder beim Barras. Sie sind eine Mischung aus alledem: Sie schuften wie in der Fabrik, schleppen und tragen wie auf dem Bau, werden kommandiert wie Soldaten – fühlen sich auch so.

Morgens sind sie die ersten am Set. Sie kommen lange bevor die Stars eintreffen, deren Ruhm und Glanz sie mehren. Und wenn die Lichter ausgeschaltet werden, sind sie die letzten, die gehen, weil sie Requisiten, Kostüme, Filmbauten, Kabel, Generatoren, Kameras, Mikrofone – den ganzen Filmkram – einsammeln und verstauen müssen. Einige sehen aus wie Personenschützer des Bundeskriminalamtes, flüstern ständig Befehle in kleine, an ihrem Kopf befestigte Mikrofone und nehmen über winzige Kopfhörer Befehle entgegen. Andere verlegen Elektrokabel, stellen Scheinwerfer und Generatoren auf, rücken Möbel hin und her, verlegen Schienen oder machen den Untergrund eben, auf denen der »Dolly« mit der Kamera rollen soll. Wenn es sein muss, turnen sie auch auf dem Dach oder schmalen

Ohne sie läuft nichts am Set: (v.l.) der »Greifer« Bernd Mayer, Helma Sanders-Brahms, Kameramann Jürgen Jürges und Mitglieder der Crew bei den Dreharbeiten in Ungarn ...

... zu Wasser: Kameramann Jürgen Jürges am Rheinufer ...

Fenstersimsen herum, um Lichtreflektoren zu richten oder ein Kabel über den Kamin zu hieven. Und wenn das Drehbuch es verlangt, ziehen sie sich auch Gummihosen an, waten durch tiefes Wasser und montieren die Kamera auf einem wackligen Schlauchboot. Und das alles immer unter größtem Tempo, weil Zeit Geld und Geld knapp ist.

Ohne das Heer der Tonmeister, Bühnenarbeiter, Elektriker, Skriptgirls, Produktionsinspizienten, Aufnahmeleiter, Regieassistenten, Assistenten der Assistenten, Requisiteure, Standfotografen, »Dolly«-Fahrer, Maskenbildner, Kostümbildnerinnen, Kameraleute, Klappenschläger, Garderobieren, Geräuschemacher, Synchronisateure und Cutter gäbe es keinen Film, auch »Clara« nicht. Sie sind das Proletariat der Branche, zahlenmäßig den Stars und Sternchen am Filmhimmel weit überlegen, jeder und jede ist wichtig, jeder und jede hat eine Aufgabe, jeder und jede kennt die Handgriffe. Der italienische Schriftsteller und Philosoph Luciano de Crescenzo hat dieser Truppe, die es überall gibt, wo Filme gemacht werden, ein wunderbares Denkmal gesetzt: »Der Unbekannte Soldat des Films ist in der Regel ein Individuum, das sein ganzes Leben dafür geopfert hat, den Sternen Glanz zu

... und in schwindelnder Höhe: Oberbeleuchter Stephan Rother beim Installieren von Scheinwerfern auf Burg Bergerhausen

verleihen. Künstlerische Anerkennung bleibt ihm versagt, er bekommt nur seinen Wochensold. Aber er existiert: Sein Name erscheint ja auch für Sekundenbruchteile mikroskopisch klein auf dem Nachspann, wobei allerdings außer ihm selber und seiner Mutter keiner es schafft, ihn auch zu lesen. Er arbeitet drei, vier, acht Wochen lang intensiv, dann wird er regulär entlassen und ist bis zum nächsten Film arbeitslos. Wenn er mit einem Film fertig ist, packt er sein Köfferchen, nimmt an einem Umtrunk mit Plastikbecherchen teil und verschwindet im Nichts. Wenn er Glück hat, taucht er auf einem anderen Set wieder auf, vielleicht hat er dann ein paar graue Haare mehr, lebt aber bestimmt immer noch in dem für die Filmwelt so typischen Provisorium.«[13]

So ein »Unbekannter Soldat« ist der »Gaffer« Stephan Rother, der als Oberbeleuchter zugleich für die Sicherheit am Set verantwortlich ist. Er lebt in Frankreich und reist von Produktion zu Produktion – ein cineastischer Söldner, der viele Regisseure und Schauspieler erlebt hat. Dass er nebenbei auch Gedichte und an einem Roman schreibt, weiß niemand am Set.

Mädchen für alles: Unit Managerin Charlie Gurath

Oder Charlie Gurath, die Unit Managerin, die eigentlich für alles zuständig ist, für die täglichen Drehpläne ebenso wie für den Taxiservice der Schauspieler oder für zwei Dosenbier, die sie nachts ganz spät, wenn die Bar längst geschlossen hat, aus irgendeinem Kühlschrank hervorzaubert. Charlie ist die Seele am Set, das Mädchen für alles und manchmal auch die Seelentrösterin.

Oder Bernd Mayer. Er und seine Assistentin Anne Lisken sind immer ganz vorn, wenn gedreht – oder wie es bezeichnenderweise in der Filmsprache heißt: »geschossen« – wird. Auch bei den ganz heiklen Szenen, bei denen sonst keiner zugucken darf, der Sterbeszene zum Beispiel oder der Bettszene im Hotel. Denn sie sind unentbehrlich, ohne sie läuft im wahrsten Sinne des Wortes nichts. Bernd ist der »Greifer« – der Mann, der den kleinen silbrigen Wagen mit den dicken Gummirädern schiebt, den »Dolly«, auf dem die Kamera montiert ist und der Sitzplatz für den Kameramann Jürgen Jürges. Wenn Jürgen durch seinen Sucher guckt und filmt, muss Bernd darauf achten, dass die Schauspieler nicht aus dem Bild herauslaufen. Er ist der Richtkanonier. Denn er merkt eher als der Kameramann oder die Regisseurin, ja manchmal eher noch als die Schauspieler selbst, ob der oder die

Immer ganz vorn: Anne Lisken, die Assistentin des »Greifers«

Gefilmte seitwärts oder vorwärts gehen wird, weil er die Augen beobachtet und die Körpersprache. »An den Augen und der Körpersprache siehst du, ob und wohin sich jemand in der nächsten Sekunde bewegen wird. Und wenn du das siehst, musst du ganz schnell und zugleich ganz vorsichtig reagieren, sonst springt das Bild.« Weil Bernd seit vielen Jahren den »Dolly« schiebt, weiß er ziemlich genau, wann eine Szene gelungen ist und wann nicht. Aber er sagt dazu nichts. Es ist nicht sein Job, das zu kommentieren. Abends beim Bier erzählt er dann allerdings manchmal die komischsten Geschichten von verkorksten Drehs. Oder von seiner kleinen Tochter. Die hat ihm einen Stoffbären geschenkt, den er immer dabei hat, wenn er irgendwo fern der Heimat dreht. In Ungarn hat ihn ein Zimmermädchen einmal gefragt: »Do you like the bear?« Er dachte, sie hätte ihn gefragt, ob er Bier aus dem Kühlschrank wolle, und sagte: »No.« Dabei hatte sie seinen Bären gemeint. Darüber wird am Abend in der Hotelbar oft gelacht.

Martina Gedeck als Clara

Clara

Sie hat in vielen Filmen mitgewirkt – zuletzt als weibliche Hauptrolle in dem *Oscar*-prämierten »Leben der Anderen«: Martina Gedeck ist eine der begehrtesten Filmschauspielerinnen Deutschlands geworden. Als die Anfrage kommt, ob sie die Clara spielen will, steckt sie gerade mitten in der Produktion einer Weihnachtskomödie.[14] Im Herbst 2007 sollen die Dreharbeiten für den Film über die RAF nach dem Buch von Stefan Aust »Der Baader-Meinhof-Komplex« beginnen. Sie wird die Ulrike Meinhof spielen – eine schwierige Rolle, die viel Vorbereitung und Konzentration verlangt. Sie hat eigentlich keine Zeit, aber als sie sich mit Helma Sanders-Brahms trifft und das von ihr verfasste Drehbuch liest, willigt sie ein, den Part der Clara zu übernehmen. Die Regisseurin ist überzeugt, »sie muss es sein«.[15] Und die Schauspielerin ist fasziniert von der Aussicht, noch vor der Meinhof zum ersten Mal in ihrem Leben »eine historische Figur« zu spielen. Es gibt nur ein Problem: Die Frau, die eine Klaviervirtuosin darstellen soll, kann alles Mögliche – nur nicht Klavierspielen.

Was dann passiert, grenzt an ein kleines Film-Wunder: Während noch die Weihnachtskomödie abgedreht wird, lässt sich Martina Gedeck ein Harmonium in ihre Filmgarderobe und ein Klavier in ihre Wohnung stellen. Sie findet einen Klavierlehrer, der die Besonderheiten ihrer Rolle versteht: Klaus Flashar. Der bringt ihr bei, wie man an dem Instrument sitzt, wie man Arme und Hände hält und vor allem, wie man bestimmte Griffe und Bewegungen so ausführt, dass es aussieht, als spielte man. Er gibt ihr Filme auf DVD mit, in denen sie Hollywood-Schauspielern beim Klavierspielen zuschauen kann. Er filmt seine eigenen Hände beim Abspielen

Sogar in der Garderobe geübt: Martina Gedeck am Klavier

verschiedener Stücke. Sie muss nicht Noten lesen lernen (das kann sie im Übrigen schon seit ihrer Jugend), sie muss sich nur das Spiel seiner Hände einprägen. Und so lernt sie auch nicht, wie man Klavier spielt: Sie lernt, wie man das Klavierspielen spielt. Aber auch das ist ein hartes, ein zeitraubendes, ein anstrengendes und nervenaufreibendes Training. Ständig schleppt sie nun ein altes Kofferradio mit Kassettenfach und Kopfhörern mit sich herum, auch wenn sie schon eines ihrer wunderbaren Biedermeierkleider aus dem Kostümfundus anhat – was in dieser Kombination ziemlich komisch aussieht. Sie hört über Kopfhörer die Musik, die später im Film gespielt wird und übt an dem stillgelegten Filmklavier die Griffe, die ihr der Trainer beigebracht hat. Anfangs sieht es noch aus, »als würde sie Wäsche waschen oder Teig kneten«, wie Beobachter Bernd Mayer es etwas respektlos ausdrückt. Je länger sie aber übt, desto flüssiger werden ihre Bewegungen.

Es ist mehr als nur ein Training. Es ist, wie sich herausstellt, die beste Methode, sich der Rolle der Clara Schumann zu nähern. Vor zwei Jahren hat Martina Gedeck – mit ihrem späteren Filmpartner Sebastian Koch – ein Hörbuch produziert mit Texten aus den Briefen von Clara und Robert Schumann. Die Figur ist ihr also einigermaßen vertraut. Richtig begriffen aber habe sie, so die Darstellerin im Interview, »die Virtuosin, die Künstlerin Clara Schumann wahrscheinlich erst am und durch das Klavier. Ich glaube übrigens, dass es diese leibhaftige Umsetzung von Noten in Musik war, was auch sie angetrieben hat. Sie war die Frau, die das, was Schumanns großer Geist hervorgebracht hatte, ins Irdische, ins Leben holte.«

Auch für die Schauspielerin Gedeck wird Musik also der Schlüssel zum Film und zu ihrer Rolle. In keiner ihrer bisherigen Rollen ist sie so von Musik umflossen wie hier, wo ihr ganzes Wesen aus Tönen zu bestehen scheint. Natürlich sind es Schumanns und Brahms' Etüden, Sonaten und Klavierkonzerte, die sie spielt, aber wenn man den Film sieht, ist es, als käme das alles aus ihr selbst heraus, aus den Bewegungen ihres Körpers, den Linien ihres Gesichts. Die Regisseurin ist begeistert: »Man hat das Gefühl, erst am Klavier wird diese Frau plötzlich zu einem einzigen Wesen, das sich sonst immer wieder zersplittert in der Sorge um Mann, Kinder, Haushalt, Leben, Geld, Überleben. Erst wenn sie Noten zu Klang erweckt, lässt sie Gefühle nach außen, die sie sonst verbirgt in Schalen aus Wohlerzogenheit, Schönheit, Disziplin. Ich denke, dass Claras Geschichte eine sehr moderne, sehr heutige ist, und dass Martina Gedeck genau das in das Zentrum ihrer Clara-Figur setzt, die sie verkörpert, d.h. der sie ihren Körper gibt.«[16]

Letzte Korrekturen am Make-up: Martina Gedeck mit Genoveva Kylburg und Katharina Erfmann

Der Komponist bei der Arbeit: Pascal Greggory als Robert Schumann

Robert

Er ist ein zurückhaltender, fast schüchterner Mann. Wenn der 53-jährige Pascal Greggory morgens zum Dreh am Set erscheint, verbeugt er sich und grüßt höflich nach allen Seiten. Er macht sich nicht gemein mit der Filmcrew, aber er lässt sie durch sein Verhalten wissen, dass er ihre Arbeit schätzt und respektiert. Pascal ist Robert Schumann. Er hat zu seinem eigenen Bedauern nie Klavier spielen gelernt, obwohl (oder vielleicht: gerade weil) seine Mutter Klavierlehrerin war. Dafür hat er als Knabe im Chor der Pariser Oper gesungen, er liebt und genießt Musik, insbesondere die Klavierstücke und Etüden von Schumann. Er macht nicht viel von sich her, hält sich in den Drehpausen eher zurück und verschwindet am liebsten in seiner Garderobe, oder er hält in irgendeiner Ecke am Set einen kurzen, intensiven Schlüsselschlaf.

Im Film muss er den geliebten und liebenden Ehemann geben – aber sein Umgang mit Clara bleibt eher spröde. Knisternde, erotische Liebesszenen sind das nicht. Er versteht sich prächtig mit Martina Gedeck. Und einmal nimmt er sie, während einer Drehpause auf der Treppe der Burg Bergerhausen in den Arm und

Glück sieht anders aus: Martina Gedeck und Pascal Greggory spielen zärtliches Ehepaar

lässt sich in dieser Pose von Konrad R. Müller fotografieren. Das Bild verrät viel: Man kann sich durchaus vorstellen, dass sie etwas mit ihm hat, nicht aber umgekehrt er mit ihr. Während sie sich an ihn kuschelt, blickt er eher scheu zur Seite. Glück sieht anders aus.

Pascal Greggory hat ein weit gefächertes Rollenfach. Als er fünfundzwanzig war, spielte er in einem Erotikfilm mit. Es war sein zweites Engagement. Er spielte einen jungen Mann und sein Film-Vater war – Klaus Kinski. Jetzt ist er der ältere und Nikolai Kinski der junge Robert – noch so ein Zufall. »Mal einsam, hart, verschlossen und verhärtet, mal pathetisch und alt, mal komisch und charmant, mal fesselnd und vibrierend«, so wird er auf den einschlägigen Internetseiten beschrieben. Man zählt ihn zu den »aufregendsten ausdrucksstarken französischen Charakterdarstellern, der als Aristokrat so überzeugt wie als Arzt, Kommissar, Unternehmer, Ehemann und immer wieder Großbürger. Er selbst gibt sich gern als Nachtfalter, der es liebt, wie Marion Cotillard (Edith Piaf), deren Impresario er in ›La vie en rose‹ (2007) spielt, Rollen nach dem eigenen Geschmack auszusuchen.« In Frankreich stand er häufig mit Isabelle Huppert vor der Kamera, zum Beispiel in

»Gabrielle« einem Film seines Freundes und Förderers Patrice Chéreau. Dieser geniale Opern- und Filmregisseur war es auch, der den bekennenden Homosexuellen Pascal Greggory nach einer schweren Lebenskrise in den achtziger Jahren zurück ins Schauspielerleben holte und ihm neue Perspektiven gab.[17]

Die Musik der Romantik – Robert Schumann, Frédéric Chopin und Johannes Brahms – kannte er schon, bevor er die Rolle in »Clara« übernahm. Nur von Robert wusste er wenig. Um sich einzustimmen las er allerdings nicht die gängigen Biografien, sondern einen biografisch-psychologischen Essay. Robert Schumann erschloss sich ihm darin als ein abgründiger, in sich zerrissener Mensch, »viel diabolischer, als die meisten Deutschen glauben. In seinem ganzen Leben war um ihn herum viel Tod. Robert Schumann repräsentiert für mich den Tod und Clara das Leben.«

Genauso legt er die Rolle an: Sein Robert ist kein schöngeistiger Schwärmer, der mit perlender Musik durch romantische Biedermeiersalons schwebt, sondern ein explosives Gemisch aus Genie und Wahnsinn, der Hölle näher als dem Himmel, ein Geschundener, ein Getriebener, ein Todessüchtiger, der sich in immer kürzeren Abständen mit Alkohol und Morphium betäuben muss, um das Leben zu ertragen, dem er entgehen will. Ein Verzweifelter, der in seiner Not sogar handgreiflich gegen Clara wird, seine Muse und die Liebe seines Lebens. Ein medizinisches Versuchskaninchen, dem in der weißen Hölle der Irrenanstalt zum Schluss sogar der Kopf aufgebohrt wird – was allerdings der Zuschauer im Film nicht mit ansehen muss.

Einmal soll er den Saal betreten, in dem das Düsseldorfer Orchester gerade seine »Rheinische Sinfonie« probt. Er betritt den Raum aber nicht, er springt mit einer tänzerischen Drehung in ihn hinein wie ein kleiner Teufel, läuft tänzelnd weiter zu seinem Stuhl und lacht diabolisch. Mit dieser Interpretation der Rolle überrascht er die Regisseurin und den Kameramann. Jürgen Jürges erinnert sich gut an diesen Moment: »Das war für uns alle verblüffend, so hätten wir ihn eigentlich nie gesehen. Der historische Robert war ja nun auch etwas voluminöser als der schlanke Pascal, aber da kam etwas rein in den Film, wo wir uns verblüfft gefragt haben: ›Geht das überhaupt?‹ Es war auf der Kippe. Es konnte ganz toll, es konnte aber auch haarscharf daneben sein. Das ist manchmal so eine Gratwanderung.«

Die Regisseurin fand es wunderbar. So hatte sie den Robert in ihrem Drehbuch nicht angelegt – aber sie widersetzte sich nicht, sondern nahm den Gedanken auf und ließ Greggory den Robert auch in späteren Szenen noch etwas teuflischer spielen. Was bei den Dreharbeiten für den außenstehenden Zuschauer überhaupt nicht zu erkennen war, wurde bei der Verarbeitung der Szenen und Bilder im Schneideraum zur Gewissheit und übertraf schließlich alle Erwartungen – auch die der Regisseurin: »Diese von guten wie bösen Dämonen besessene, zugleich schüchterne und fordernde, spielerische, ängstliche und wilde Persönlichkeit schmilzt in ihm zu einer Figur zusammen, die männliche wie weibliche Züge hat, deren verdrängte homoerotische Neigung, deren manisch depressives Wesen alle Ingredienzien hat, wie sie einer Erzählung von E. T. A. Hoffmann entstammen könnten.«[18]

Gefeiertes Genie: Pascal Greggory als umjubelter Star an der Seite von Martina Gedeck ...

... und gequälte Kreatur: Pascal Greggory als kranker Mann, dem in der Irrenanstalt der Kopf aufgebohrt wird

So wird Greggorys Robert zur dominanten Figur des Films. Sein langsames, unaufhaltsames Hinübergleiten in Wahnsinn und Tod, seine Mimik, in der sich Höllenqualen, Einsamkeit und Ängste spiegeln, seine Wandlung vom gefeierten Genie zu einer armen, gequälten Kreatur und alles unterlegt mit Schumanns Musik – das ist großes Kino und offenbart einen wahren Ausnahmeschauspieler. Konrad R. Müllers Porträts des sterbenskranken Robert, der zum Schluss in einer Bonner Irrenanstalt eingesperrt ist, zeigen die mimische Bandbreite seines Könnens. Nach dieser Performance kann man sich Pascal Greggory sehr gut in vielen Rollen vorstellen. Er wäre wahrscheinlich ein grandioser Mephisto und ein faszinierender Woyzeck.

Johannes

Er hat einen algerischen Vater und eine bretonische Mutter. Malik Zidi wurde 1975 in Frankreich geboren und zählt heute zu den vielversprechenden Nachwuchstalenten seines Landes. Er spielte schon an der Seite von Gérard Depardieu und Cathérine Deneuve und bekam, nach drei vergeblichen Nominierungen, im Februar 2007 den *César* als bester männlicher Nachwuchsdarsteller – die höchste Auszeichnung, die der französische Film zu vergeben hat, vergleichbar dem *Oscar* in den USA und der *Lola* in Deutschland. Starallüren sind ihm allerdings fremd. Wenn Not am Mann ist, hilft er in den Drehpausen manchmal sogar in der Küche beim Kartoffelschälen. Malik ist beliebt am Set, ein Kumpeltyp. Wenn er morgens kommt, begrüßt er jeden und jede einzeln mit Namen.

Auf die Rolle des Johannes Brahms hat er sich durch intensives Studium mehrerer Biografien vorbereitet. Außerdem hat er sich einen Klavierlehrer genommen, der ihm ein paar Griffe beibringen und die Musik von Brahms erklären sollte. Zugleich wird dieser Klavierlehrer auch Maliks Hände beim Filmen doubeln. Anders als Martina Gedeck hat der Darsteller des Johannes Brahms nicht den Ehrgeiz, möglichst perfekt am Klavier zu wirken. »Klavierspielen ist schön, aber wir sind Schauspieler, wir haben andere Möglichkeiten, uns auszudrücken.« Noch wichtiger für den Augenmenschen Zidi aber ist die Physiognomie des Mannes, den er spielen soll. Er besorgt sich alle verfügbaren Fotos von Brahms und hängt sie während der Dreharbeiten in seinen Hotelzimmern auf. »Ich muss ihn vor mir haben, vor meinem geistigen Auge, das macht es mir leichter, ihn und seine Gefühle – wie ich sie wahrzunehmen glaube – zu spielen. Denn: Es ist die erste Rolle einer historischen Figur, die ich da spiele, ich stelle zum ersten Mal eine wirklich einmal existente Figur dar.« Der historische Brahms war auffallend klein, maß gerade einmal 1,60 Meter. Er sprach mit dünner, hoher Fistelstimme und war stark kurzsichtig. Kein Frauentyp eigentlich – und doch muss er auf Frauen eine betörende Wirkung ausgeübt haben. »Er war ein großer Liebender«, behauptet die Regisseurin und rühmt sein anhand der Fotos und seiner Musik zu erkennendes erotisches Charisma.[19] Wie der historische Brahms und die historische Clara miteinander umgegangen sind, ist allerdings unklar. Bis heute streiten die Biografen darüber, ob sie nun ein richtiges Verhältnis miteinander hatten, oder nicht.

»Ich muss ihn vor mir haben, vor meinem geistigen Auge«: Malik Zidi als Johannes Brahms

Die Dokumentenlage ist lückenhaft. Der größte Teil des Briefwechsels aus den Jahren 1854 bis 1856 – es ist die Zeit, in der Robert Schumann schon in der Irrenanstalt ist und Johannes Brahms häufig im Haus der Schumanns in Düsseldorf weilt und zum unentbehrlichen Helfer und Freund an Claras Seite wird – ist später (offenbar gezielt) vernichtet worden. Aber es gibt durchaus Indizien, die darauf hindeuten, dass in dieser Zeit, in der auch der Film spielt, aus Bewunderung Nähe und aus Nähe Liebe geworden ist. Seinem Freund, dem Geiger Joseph Joachim, vertraut Brahms jedenfalls schon im Juni 1854 unumwunden an, wie es um ihn steht: »Ich muss mich oft mit Gewalt halten, dass ich sie nicht ganz ruhig umfasse und gar – ich weiß nicht, es kommt mir so natürlich vor, als ob sie es gar nicht übel nehmen könnte. Ich meine, ein Mädchen kann ich gar nicht mehr lieben, ich habe sie wenigstens ganz vergessen; die versprechen doch nur den Himmel, den Clara uns offen legt.«[20] Und am 31. Mai 1856, knapp zwei Monate vor Roberts Tod: »Meine geliebte Clara, ich möchte, ich könnte dir so zärtlich schreiben, wie ich dich liebe, und so viel Liebes und Gutes tun, wie ich dir's wünsche. Du bist mir so unendlich

Ob es zwischen den beiden zum Äußersten kam …

lieb, dass ich es gar nicht sagen kann. In einem fort möchte ich dich Liebling und alles mögliche nennen, ohne satt zu werden, dir zu schmeicheln. [...] Deine Briefe sind mir wie Küsse.«[21]

Helma Sanders-Brahms hat den Historikerstreit, ob es nun zwischen den beiden zum Äußersten kam oder nicht, in ihrem Film salomonisch offen gelassen. Sie lässt das Paar gleich nach Roberts Tod ein Hotelzimmer aufsuchen. Aber dort passiert diesbezüglich nichts. Clara hat sich halb entkleidet aufs Bett gelegt, und auch Johannes beginnt sich auszuziehen. Aber sie wehrt ihn ab: »Nein. Nein. Das nicht. Fass mich nicht an« – und er lässt von ihr ab: »Ich werde mit anderen Frauen schlafen – nicht mit dir. Aber mit jeder werde ich dich im Arm halten, bis an das Ende meiner Tage.«

Die Drehbuchautorin Helma Sanders-Brahms findet dies »die schönste Liebesszene, die ich je für einen Mann geschrieben habe«. Zugleich aber braucht sie diese, um die Geschichte der unvollendeten Leidenschaft zu Ende zu erzählen, die mit der ersten Begegnung von Clara und Johannes direkt zu Anfang des Films beginnt und die nun an seinem Ende in den zwar paradoxen, aber eben doch unausweichlichen Verzicht münden muss: »Sie begehrt ihn, aber sie muss ihn zugleich wegstoßen. Und er umarmt sie und muss zugleich auf sie verzichten.«

Bei den Dreharbeiten hat Malik Zidi allerdings ein Problem. Er glaubt nicht, dass der Johannes, den er sich vorstellt, gleich nach Roberts Tod mit Clara ins Hotel gehen kann. Das sähe doch so aus, wendet er ein, als ob der Mann nur darauf gewartet habe, bis der von ihm verehrte Robert stürbe, um sich dann über dessen Frau herzumachen. Der Wechsel vom offenen Grab zum Bett erscheint ihm zu abrupt.

... darüber streiten die Historiker: Martina Gedeck und Malik Zidi als Clara und Johannes

Es gibt eine lange Diskussion am Set. Die Regisseurin hält dagegen. Sie will gerade diese enge Nachbarschaft von Liebe und Tod, Eros und Thanatos aufzeigen und erklärt den beiden, es könne durchaus vorkommen, dass Leute, die gerade einen lieben Menschen durch Tod verloren hätten, erst recht das Bedürfnis verspürten, zu lieben und zu leben.

Es ist schließlich Martina Gedeck, die durch ihr Spiel einen Ausweg aus dem schauspielerischen Dilemma findet: Die Darstellerin der Clara bricht zusammen und beginnt heftig zu weinen. »Sie kann nicht mehr an sich halten. Sie ist eine sehr gefasste, sehr kontrollierte Frau, die sich im Griff hat, sonst könnte sie nicht das leisten, was sie leistete. Aber in dem Moment bricht dieser Schmerz aus ihr heraus«, begründet die Schauspielerin die improvisierte Szene. »Er [Johannes] nimmt sie dann natürlich in den Arm, er tröstet sie. Und damit ist es nicht mehr so wichtig, ob und wie sie nun die Nacht miteinander verbringen.«

Malik Zidi ist der Regisseurin von der französischen Filmproduzentin und -verleiherin Margaret Menegoz empfohlen worden, und als sie ihn das erste Mal sieht, ist es für sie wie ein »Coup de foudre«: Sie ist wie vom Blitz getroffen. »Die Besetzungen, die vorher diskutiert worden waren, hatten mich nie ganz befriedigt, es fehlte immer etwas. Natürlich muss man diesem jungen Menschen glauben, dass er aus dem finsteren Hafenviertel kommt. Er muss etwas Lauerndes, Geschmeidiges haben, aber er ist eben doch auch der Sohn einer Mutter der besseren Gesellschaft, die da im Dreck gelandet ist, er muss etwas Unzerstörbares, etwas Edles haben. Und das hatte eben Malik Zidi.«[22] Der habe sich »mit Haut und Haaren in diese Rolle hineinbegeben« und am Schluss des Films eine Innigkeit und Intensität erreicht, »die heute im Kino selten geworden ist und über die Bergman oder Visconti sich gefreut hätten«.[23]

Augenweiden

»Clara« ist ein Kostüm- und Ausstattungsfilm. Die Schauspieler müssen so angezogen und von solchen Requisiten und Räumlichkeiten umgeben sein, dass sich die Zuschauer ins neunzehnte Jahrhundert versetzt fühlen können. Bühnenbild, Requisiten und Kostüme sind aber nicht nur für den Zuschauer wichtig, sondern auch für die Akteure am Set. Man geht und fühlt und spielt anders, wenn man statt Jeans und Pullover ein Beinkleid mit Weste und Gehrock trägt, und es ist ein großer Unterschied ob, man sich zwischen Ikeamöbeln bewegt oder zwischen Schränken, Tischen und Stühlen aus der Biedermeierzeit.

Von außen sieht die alte Wasserburg Bergerhausen bei Kerpen idyllisch aus: großer Park, wunderbare alte Bäume, ein grünlicher Teich, auf dem Enten und Schwäne schwimmen, und mittendrin die wuchtige, steinerne Burg. Sie steht meistens leer. Ab und zu wird der große Festsaal, in den dreihundert Personen passen, für festliche Anlässe vermietet. Drinnen gibt es eine gut erhaltene, prächtige Treppe mit Wandvertäfelung aus Eichenholz und hohen Spiegeln und einem leicht abgewetzten Teppich – ansonsten nur große, leere Zimmer. Als Uwe Szielasko, der Bühnenbildner, und seine Truppe hier Mitte Mai einrückten, sahen die Räume noch ziemlich heruntergekommen aus: zerfetzte Tapeten, schlecht schließende Fenster, abgenutztes Parkett. Die Zimmer wurden im Stil des neunzehnten Jahrhunderts neu tapeziert, die hohen Decken sind weiß gestrichen, der Stuck ist renoviert, der Fußboden aufpoliert worden. Das vergammelte Erdgeschoss hat sich in prächtige Salons verwandelt – die Düsseldorfer Wohnung von Clara und Robert Schumann.

Überall stehen und liegen Bilder, Teppiche, Topfpflanzen, Kerzenständer, Möbel und Instrumente herum, denn in den ersten Szenen wird zunächst der Einzug der Schumanns in ihr neues Heim gezeigt. Das Arbeitszimmer des Komponisten hingegen ist schon fertig eingerichtet. Es ist eine dunkle Höhle, voll gestopft mit Kerzen, Federhaltern, Büchern, Notenblättern, Notizbüchern, Handschriften und dicken Folianten – und in der Mitte ein großer Flügel. Viele der tausend Kleinigkeiten, die von den Requisiteuren aus Antiquariaten und Fundi zusammengetragen wurden, bleiben allerdings unbemerkt im Hintergrund. Dass zum Beispiel in dem Zeitungshalter auf dem Schreibtisch eine (perfekt imitierte) Ausgabe der *Rheinischen Zeitung* aus dem Jahre 1853 steckt und im Regal eine echte Schiller-Ausgabe von 1832 steht, wird dem Kinozuschauer kaum auffallen.

Perfekte Verwandlung: Auf Wunsch der Regisseurin klebt die Crew künstliche Kacheln auf das alte Lilienmuster

Trotzdem ist Wolfgang Ennenbach, der aufpassen muss, dass am Set nichts verändert oder beschädigt wird, fest davon überzeugt, man werde auch die unsichtbaren Details spüren. »Ein Schauspieler versetzt sich gänzlich in die Rolle und in die Zeit, in der der Film spielt. Er versucht sich als derjenige zu fühlen, den er spielt. Das kann nicht jeder. Pascal Greggory kann das. Er ist ein klassischer ›Method-Actor‹. Und wenn der sich in seinem Arbeitszimmer an den Schreibtisch setzt und da liegt dann ein Exemplar des *Kölner Stadtanzeiger* von gestern, dann fühlt der sich nicht

Das Auge hört mit: Kostümbildnerin Riccarda Merten-Eicher ...

... und ihre Assistentin Martina Schall

mehr als Robert Schumann. Wenn da aber eine *Rheinische Zeitung* von 1853 liegt, dann kann er sich besser da rein finden.«

Sogar die Notenblätter, die auf dem aufgeklappten Klaviernotenständer liegen, sehen aus wie echt. Sie sind von einem Kalligrafen geschrieben worden. Hätte man sie nur kopiert, würde dies auffallen. Wenn man nämlich ein solches Blatt aus bestimmten Winkeln filmt, kann man sehen, ob es sich um Tinte oder um Kopierfarbe handelt. Die mundgeblasenen Gläser, die zwischen den Büchern herumstehen, wurden ebenfalls extra angefertigt: Originale Gläser aus dem Jahre 1853 sähen heute uralt aus – im Film aber müssen sie wie neu wirken.

Nicht nur die Schauspieler benötigen die perfekt imitierte Umgebung. Auch der Kameramann Jürgen Jürges besteht darauf, zwischen echten Requisiten drehen zu können: »Ich brauche das. Es ist ein ganz anderes Gefühl, wenn man sich am Set zwischen alten Gegenständen bewegt, die auch wirklich echt aussehen.«

Nicht immer ist die Regisseurin mit den Requisiten zufrieden. Die Notentasche von Brahms etwa, in der dieser seine »Heiligtümer« – die Notenblätter mit den frisch komponierten Werken – transportiert, findet sie abscheulich. Es ist kein gutes altes Stück, sondern irgendetwas aus Kunstleder. Sie macht sich selbst an einem Wochenende auf die Suche und schleppt schließlich von irgendeinem Flohmarkt eine uralte Ledertasche an, auf der nur noch die Initialen JB angebracht werden müssen.

Noch wichtiger als die Requisiten sind die Kostüme, für die Riccarda Merten-Eicher und ihre Assistentin Martina Schall verantwortlich sind. Schöne Kostüme sind eine Augenweide. Wenn Martina Gedeck als Clara auf die Bühne tritt und sich ans Klavier setzt, muss schon ihr festliches Kleid das Publikum auf musikalischen Hochgenuss einstimmen. Das Auge hört mit.

Für Kostüme gilt dasselbe wie für Requisiten und Filmbauten: Sie helfen nicht nur dem Zuschauer, sondern auch dem Schauspieler. Das Kostüm des Schauspielers gibt seiner Figur Halt und Kontur. Kleider machen Leute – Kostüme die Figur? Einige Theater- und Filmemacher schwören darauf. Sie glauben, dass mit dem Anlegen des Kostüms schon die Verwandlung des Schauspielers in seine Figur beginnt. »Jetzt ziehe ich mir den Shylock an«, soll Fritz Kortner immer gesagt haben, wenn er ins Theater zur Vorstellung des »Kaufmann von Venedig« fuhr. Diesen magischen Akt der Verwandlung, der sich oft bei Kostümproben ereignet, hat der Filmemacher Oliver Storz einmal sehr schön so beschrieben: »Das Kostüm beginnt anzuwachsen [...] in den Augen entsteht ein Ausdruck, den es vorher nicht gab, in den Körper rinnt – einer Infusion gleich – Spannung, die Atmung ändert sich und erst recht der Gang, und da stolziert oder trippelt, schleicht oder schreitet – je nachdem – der neue Mensch, die Ausgeburt einer Phantasie, die eine Ausgeburt der Hölle oder des Himmels sein kann – je nachdem – jedenfalls das Resultat eines sozusagen promethischen Schöpfungsaktes: die Figur!«[24]

Wenn Martina Gedeck ihr Kleid anzieht, soll sie sich schon in die Pianistin Clara Schumann verwandeln. Wenn Pascal Greggory im weißen Leinenhemd in der Endenicher Irrenanstalt sitzt, muss er der wahnsinnig gewordene Robert Schumann sein. Wenn Malik Zidi seine Jeans auszieht und in seine erdfarbene Hose und den blauen Gehrock schlüpft, soll er sich fühlen wie der junge Brahms. Wenn die zwölfjährige Clara Eichinger und ihre kleine Freundin Marine Anessy die Kostümbildnerei verlassen, sehen sie wirklich aus wie Kinder des neunzehnten Jahrhunderts. Und wenn die Schauspielerin Christine Oesterlein, die nahezu den gesamten »Faust« auswendig kann, weil sie in Peter Steins Inszenierung wie Robert Hunger-Bühler den Part des Mephisto einstudierte, wenn also diese Grande Dame des deutschen Theaters das beigefarbene Leinenkleid, die braune Schürze und das Häubchen anzieht, dann wird sie – wenn auch nur für zwei kurze Szenen – Schumanns Köchin.

Riccarda Merten-Eicher und Martina Schall sitzen mit ihren Kleiderständern immer etwas abseits vom Set. Mal dient ihnen ein alter Eisenbahnwaggon, mal ein Möbelwagen, mal ein ehemaliger Pferdestall als Garderobe. Im Laufe der Dreharbeiten ist ihr Fundus zeitweise auf fast sechshundert Klamotten angeschwollen: festliche und einfache Kleider und Röcke, Beinkleider, Arbeitskittel, Hosen, Fräcke, Mäntel, Paletots, Westen, Schürzen, Morgenmäntel, Unterröcke, Korsagen, Fliegen, Schleifen, Hauben, Hüte, Schuten und Zylinder – das Reservoir scheint unerschöpflich. Viele Tage hat die Kostümbildnerin in den einschlägigen Fundi in Berlin zugebracht, um die richtigen Stücke zusammenzubekommen. Mit der Regisseurin hatte sie vorher die Farbtöne besprochen, die jeder Figur ihre Unverwechselbarkeit geben sollten: Schumann dunkel, zwischen schwarz und grün. Clara eher hell und festlich. Johannes erdfarben und Werther-Blau. Der Rest blieb ihr überlassen.

Kostümbildner müssen immer im Voraus denken. Wie oft wurde das Drehbuch während der Dreharbeiten umgeschrieben? Da sollte der Arzthelfer Klingbeil bei der Szene in der Irrenanstalt plötzlich auch mit dabei sein. Der war vorher nicht vorgesehen. »Dann hieß es: Habt ihr für den noch irgendwas? Und dann haben wir uns natürlich gleich auf den Boden geschmissen und haben ein Stück Leinen genommen und eine Schürze geschneidert. Also haben wir in kürzester Zeit eine dritte Person kostümiert, die vorher nicht vorgesehen war. Und als wir das geschafft hatten, hieß es: Die Szene wird nun doch nicht gedreht.«

In Ungarn gerieten Riccarda Merten-Eicher und Martina Schall besonders unter Druck. Da sollten plötzlich nicht nur die Musiker des Orchesters eingekleidet werden, sondern über zweihundert Komparsen, die das »Publikum« bei den Konzerten spielen sollten. Die vorhandenen Klamotten reichten nicht. Also musste die Kostümbildnerin in einem ungarischen Film- und Fernsehfundus nach Kleidern und Anzügen suchen, die wenigstens ungefähr ins neunzehnte Jahrhundert passten. Es hätte auch genügt, den weiter hinten sitzenden Komparsen lediglich Jacken oder Oberteile anzuziehen. Es wäre nicht aufgefallen. Aber das war gegen die Berufsehre: Wie sollen die Komparsen sich als Menschen des neunzehnten Jahrhunderts fühlen und benehmen, wenn sie unten Jeans und oben Biedermeier tragen?

Auch das Kostüm von Brahms verursachte manche Mühen. Für ihn hatte man, ganz wie die Regisseurin es wünschte, den Gehrock in leuchtendem Werther-Blau anfertigen lassen, ein wundervoller Wollstoff, der genau passte. Aber als Malik Zidi das gute Stück das erste Mal anzog, protestierte die Kamerabesatzung: Das

Magische Verwandlung der Schauspielerin in die Figur: Aus Martina Gedeck wird Clara Schumann

Blau sei zu knallig. »Darauf haben wir versucht, diesen Stoff zu färben – es ging nicht. Ich hätte ihn schlagen können. Ich habe ihn geschlagen. Es passierte nichts. Dann haben wir versucht, die Farbe mit einer Chlorbleiche rauszuziehen. Und dann wurde wirklich ein tolles Stück daraus: petrol, grün, zauberhaft. Das sind so die Überraschungen, mit denen man fertig werden muss.«

Riccarda Merten-Eicher jedenfalls bekommt von ihrer Regisseurin nach Schluss der Dreharbeiten das höchste Lob, das eine Kostümbildnerin sich wünschen kann: Ihre Kostüme hätten die Schauspieler gekleidet, »als wären es ihre eigenen, schon immer getragenen – und damit den Gedanken an Kostümierung gar nicht erst aufkommen lassen. Alles lebt, nichts erscheint gemacht oder erdacht.«[25]

Romantik

Und warum gerade »Clara«? Weil sie das Thema Nazis und Judenverfolgung bereits ausreichend in ihren Filmen thematisiert habe, so die Autorin. Schon lange habe sie ein positives Deutschlandbild zeigen wollen, nicht zuletzt wegen der eher verunglückten Wiedervereinigung. Zu oft würde das andere Deutschland – das der Romantik, der Liebe zur Natur, zur Musik, zur Reflexion – in Vergessenheit geraten.

Ist das politisch korrekt? Ausgerechnet die Linke Helma Sanders-Brahms, die mit den Achtundsechzigern in Berlin und Paris auf die Straße ging, die gegen Wiederbewaffnung und NATO, gegen die Macht der Springer-Presse und die Verdrängung der Nazigeschichte im Nachkriegs(west-)deutschland protestierte, ausgerechnet sie hat plötzlich genug von Filmen über Nazis und Judenverfolgung und entdeckt die Romantik als Thema eines Filmprojekts? Sie bleibt dabei: Für sie haben die Deutschen Schwierigkeiten damit, auch das Positive ihrer Geschichte zu sehen, wofür Schumann eindeutig steht.

Das mag man erstaunlich, vielleicht sogar befremdlich finden. Aber ist es das wirklich? Rüdiger Safranski, Autor eines lesenswerten Buches über die Romantik, fände das Bekenntnis der Filmemacherin vermutlich weder überraschend noch befremdlich, sondern könnte sich geradezu bestätigt fühlen. Folgt man seiner These, dann waren die studentischen Politrevoluzzer sogar die größten Romantiker, weil sie – wie diese – nach dem Motto lebten: Es ist eine Lust, ein Ich zu sein. »Die 68er lasen Karl Marx und redeten unablässig über Produktivkräfte und Produktionsverhältnisse, aber eigentlich standen sie dem Taugenichts näher«, schreibt Safranski.[26] Und als ihn ein Rundfunkredakteur kürzlich fragte, ob der fröhlich Geige spielende Wandervogel aus Eichendorffs »Taugenichts« wirklich das Lebensgefühl der Achtundsechziger Generation verkörpere, ob er die studentischen Revoluzzer von einst tatsächlich als hoffnungslose Romantiker und eine Ansammlung Ich-verliebter Tagträumer einschätze, sagte er: »Da ist schon was dran. Wenn man jetzt einen weiteren Begriff des Romantischen verwendet, wie ich es in meinem Buch getan habe, ist es ja eine lustvolle Überschreitung des Realitätsprinzips und eine Bereicherung durch alles Mögliche.«[27]

Romantik pur: Clara und Robert bei Kerzenschein

Der General

Jürgen Jürges ist auch ein Achtundsechziger. Obwohl er eigentlich schon zu alt war. Als die Studenten auf die Straße gingen, hatte er bereits sechs Filme gedreht und stand voll im Beruf. Er ging nicht mit demonstrieren. Aber er teilte die Empörung und das Lebensgefühl der jungen Leute, die gegen den »Muff von tausend Jahren« rebellierten. Am Set ist er ein ganz ruhiger Vertreter. Er redet wenig, trotzdem hören alle auf ihn. Helma nennt ihn den »General«. Normalerweise legt sie Wert darauf, dass sie die Chefin am Set ist und keiner ihr ins Konzept redet. Der »General« darf das. Wenn er sie beiseite nimmt, um sie auf irgendetwas hinzuweisen, nimmt sie das eigentlich immer an.

Jürges, Jahrgang 1940, ist schon lange im Geschäft. Er hat ungefähr fünfzehn Preise als Kameramann bekommen und über achtzig Filme mit berühmten Regisseuren gedreht: Mit Volker Schlöndorff, Rainer W. Fassbinder, Robert van Ackeren, Wim Wenders – und einen auch mit Helma Sanders-Brahms. Mit seinem nach hinten gekämmten weißen Haar und dem Oberlippenbart könnte man ihn tatsächlich für einen Südstaatengeneral aus dem Amerikanischen Bürgerkrieg halten. Aber er ist alles andere als ein Draufgänger, eher scheu und zurückhaltend, wird nie laut.

Vor fünf Jahren hat ihn die Regisseurin bei einem Filmfestival gefragt, ob er bei ihrem großen Projekt mitmachen wolle. Sie hat ihm die Geschichte von Clara, Robert und Johannes erzählt, und Jürgen sagte: »Warum nicht? Schöner Stoff.« Das erste Drehbuch fand er noch nicht ganz gelungen. Die zweite Version schon viel besser, die letzte Fassung sehr gut. Es gefiel ihm, dass die Autorin ihr Buch nicht mit technischen Anweisungen voll gestopft hat, wie ungeübte Drehbuchschreiber

Kameramann Jürgen Jürges bei der Arbeit

es oft tun. Ihm muss keiner erzählen, wo er seine Kamera am besten aufstellt, welche Totale oder Halbtotale die Szene braucht. »Es gibt solche Drehbücher, wo alles Mögliche drin steht – zum Beispiel, wer wann wo hinläuft. Aber solche technischen Angaben sind überflüssig, weil sich beim Drehen ohnehin immer andere Dinge ergeben – und weil Helma ständig in und mit dem Stück lebt, gibt es sowieso dauernd Veränderungen.« Viel wichtiger ist Jürges die innere Befindlichkeit der Akteure: Was bewegt sie, warum sind sie traurig oder lustig.

Über die technischen Details redet der Kameramann selten mit seiner Regisseurin. Er macht Vorschläge, wie man die Szene einrichten kann, und kümmert sich dann um die Umsetzung. Meistens werden seine Vorschläge akzeptiert, denn er und Helma liegen ästhetisch auf einer Wellenlänge. Sie war begeistert von seinem »Licht, das aus Caravaggios Bildern stammt«[28], und sie teilt seine Ansicht, dass »dieser Stoff, in dem ja auch viel Melancholie und Tragik steckt, keine grellen Farben verträgt, sondern eher die gedeckten warmen Töne braucht, was auch durch die Verwendung von Kerzen und Öllichtern unterstrichen wird, die in diesem Film eine große Rolle spielen«. Roberts Arbeitszimmer hat Jürges bewusst dunkel gelassen. Die Tapeten sind schwarz und die Vorhänge immer geschlossen. Licht dringt nur durch die Lamellen der Klappläden herein, so dass sich streifenartige Lichteffekte ergeben. Es sollte eine Art Höhle sein, in die sich der Komponist zurückzieht und immer tiefer vergräbt. Claras und Johannes' Zimmer hingegen sind hell und offen. Und erst recht das lichte Treppenhaus mit den großen Spiegeln: Hier tobt das richtige Leben, hier spielen die Kinder, hier rutscht Johannes das Geländer herunter. Robert, der Düstere, lebt zwar im selben Haus, aber in einer ganz anderen Welt.

Licht wie aus Caravaggios Bildern

Vor dreißig Jahren, als sie zusammen »Deutschland bleiche Mutter« drehten, sind Helma und Jürgen häufig aneinander geraten. Es gab heftige Szenen, und oft genug flogen die Fetzen am Set. Als er fertig war mit dem Film, hat er sich geschworen: Mit der nie wieder. Sie sind dann viele Jahre getrennte Wege gegangen, haben sich manchmal auf Festivals getroffen. Und als sie ihn jetzt fragte, hat er »gespürt dass wir beide uns geändert haben. Man ist ruhiger geworden, gelassener, erfahrener und kann besser mit den Macken des anderen umgehen.« Natürlich hat es auch bei diesem Dreh manchmal Stress gegeben. Und gelegentlich hat selbst der »General« mal etwas abbekommen, wenn ihre Nerven blank lagen. Insgesamt aber war es eine sehr harmonische Arbeit. Nein, er hat seine Meinung über sie geändert. »Sie ist wirklich großartig. Ich habe selten einen Regisseur erlebt, der sich so intensiv um die Schauspieler kümmert, sie immer wieder motiviert, mit ihnen diskutiert und arbeitet, wie Helma.«

Helma

Außen. Dämmerung. Das Mittelmeer bei Ostia. Die junge Frau läuft von den Dünen hinunter an den Strand. Sie will den großen italienischen Filmemacher Pier Paolo Pasolini interviewen, der hier eine Szene seines Filmes »Medea« drehen wird. Es dämmert, und erst allmählich werden die Konturen sichtbar: Das Meer, der Strand, die Schienen, auf denen die Kamera fahren wird. Am Ufer sitzen vier junge Männer auf braunen Pferden. Die Männer sind nackt, in ihren Locken stecken Muscheln. Die Bräune ihrer Haut geht über in die Bräune der Pferde. Ein kleiner, magerer Mann tritt auf sie zu. Es ist Pasolini. Sie erklärt, weswegen sie gekommen sei. Er betrachtet sie mit großen, glühenden Augen und sagt: »Du wirst Kino machen!« Dann geht er zurück zum Set, denn jetzt ist der Augenblick da, auf den er die halbe Nacht gewartet hat: Die Sonne kommt über den Horizont. Und schließlich beginnt die Kamera zu fahren, die nackten Männern reiten in das Meer hinein, das Wasser spritzt auf und blinkt in der Sonne …

»Die Szene ist leider nicht in dem Film geblieben, er hat sie später rausgeschnitten. Aber das ist eine so unglaublich schöne Szene – und dass er mir auch noch sagte: ›Du wirst Kino machen‹ …«, sagt Helma Sanders-Brahms. Wir sitzen in ihrer Küche in der Berliner Wartenbergstraße, es gibt Rotwein, Schinken und Käse, und was sie erzählt, sind drehbuchreife Szenen aus dem Leben einer Filmemacherin.

Sie ist neunundzwanzig und Fernsehansagerin beim *WDR*, als sie Pasolini 1969 in Italien trifft. Er bietet ihr einen Platz am Set an, und sie bleibt, weil sie merkt, dass sie dem Kino verfallen ist. Zehn Jahre später stellt sie den Film »Deutschland bleiche Mutter« vor – ihre eigene und die Geschichte ihrer Mutter im Nachkriegsdeutschland der fünfziger, sechziger Jahre. Er wird in Deutschland total verrissen. Verstört reist die Regisseurin nach Frankreich. Dort wird ihr Film auf einem Frauenfestival in einem großen Kino mit tausendfünfhundert Plätzen gezeigt – und ein riesiger Erfolg. Anderthalb Jahre läuft er in Frankreich, monatelang in Japan. Und bald merken auch die deutschen Kinoverleiher, dass es ein Fehler

Zehn Jahre Kampf für das »Clara«-Projekt: Filmautorin Helma Sanders-Brahms

war, den Film aus dem Programm zu nehmen. »Deutschland bleiche Mutter« wird nun auch in Deutschland ein Erfolg.

Mitte der achtziger Jahre wird es stiller um Helma Sanders-Brahms. Wie viele andere ihrer Generation wird sie von jungen aufstrebenden Produzenten geschnitten, die den »Autorenfilm« der siebziger Jahre als antiquiert und überholt abtun und meinen, das deutsche Kino neu erfinden zu müssen.

Der Kampf um »Clara« hat mehr als ein Jahrzehnt gedauert. Niemand wollte den Film produzieren, niemand war bereit, die nötigen Millionen für die Produktionskosten aufzubringen. Vor ein paar Jahren schien die Regisseurin dann am Ziel: In den Studios von Babelsberg und in einigen brandenburgischen Schlössern sollte gedreht werden. Aber dann starb der Mann, der den Film mit ihr machen wollte, über Nacht – und alles fing von vorne an. Die Filmemacherin putzte Klinken, warb und bettelte für ihre Idee. Sie sah viele kalte Schultern. Immerhin: Die Besetzung stand seit Jahren fest, und die Schauspieler hielten zu ihr. Isabelle Huppert sollte Clara und Ulrich Tukur Robert Schumann sein.

So war es von Anfang an geplant. Als es dann aber Anfang 2007 endlich so weit ist, als Michael Schmid-Ospach von der Filmstiftung Nordrhein-Westfalen eine Million versprochen und grünes Licht gegeben hat, als Alfred Hürmers Integralfilm GmbH als ausführender Produzent und zwei weitere Produzenten in Ungarn und Frankreich gefunden sind, als die Mittel endlich da sind, die man braucht, um großes Kino zu machen, kommt die nächste Katastrophe: Isabelle Huppert fällt aus. Sie hat zu viel gearbeitet, fühlt sich ausgelaugt, krank, müde und muss ihrer Freundin Helma absagen.

In dieser Situation ist Martina Gedeck eingesprungen. Vier Wochen vor Drehbeginn hat sie sich bereit erklärt, den Part der Clara zu übernehmen. Es war Rettung in höchster Not. Und die Regisseurin wird ihr das auch nicht vergessen. Sie spürt wieder Boden unten den Füßen, wenn sie dreht, das Kribbeln, die Seh-Sucht. Was ist das Rollen der Roulettekugel gegen das Surren der Kamera? Am Set fühlt sie sich sicher. »Ich weiß dann: Das kann ich. Und das Gefühl hatte ich auch schon, als Pasolini zu mir sagte: ›Du wirst Kino machen.‹« Damals ahnte sie schon, was sie heute weiß – und was auch der Clara in ihrem Film zur schmerzlichen Gewissheit wird: Wer Kunst machen will, muss sich von ihr bestimmen lassen und sich ihr mit Leib und Seele ausliefern.

Deshalb liebt sie ihren Beruf – deshalb hasst sie ihn. Jeder Film ein Abenteuer, jede neue Produktion ein Ritt durch Himmel und Hölle. Bei keinem anderen Beruf steht so viel auf dem Spiel: Geld, der gute Ruf, die eigene Existenz. Was ist, wenn die Kritiker ihn durchfallen lassen? Was ist, wenn die Geldgeber ihren Einsatz zurückfordern? Was ist, wenn die Leute einen einfach vergessen? Ohne Geld und ohne Publicity kann man heute keine Filme drehen – einerseits. Andererseits: Gibt es etwas Schöneres, als dabei zu sein, wenn aus Bildern Szenen und aus Szenen ein Film wird? Filmen, das ist eine Leidenschaft, bei der die Gefühle immer Achterbahn fahren: Himmelhoch jauchzend, zu Tode betrübt macht diese Profession, die eher eine Obsession ist, oder wie Helma Sanders-Brahms einmal formuliert hat: »[...] der entsetzlichste Beruf, den man meines Wissens auf dieser Welt haben kann, und zugleich und noch viel mehr der schönste, für den es sich meines Wissens und Kennens und Fühlens auf dieser Welt lohnt zu leben.«[29]

Familienbande

Der Film »Deutschland bleiche Mutter« hat sie vor dreißig Jahren berühmt gemacht. Helma führte Regie, Jürgen stand hinter der Kamera. Der Film war ein autobiografisch aufgeladenes Lebens- und Generationenprojekt – für beide.

Jürgen Jürges hatte exakt dieselben Sachen erlebt in seiner Jugend, weil sein Vater auch im Krieg war und erst sehr spät aus sowjetischer Kriegsgefangenschaft zurückkam. »1955 war das, da war ich schon fünfzehn Jahre alt – und das waren dann wirklich dieselben Probleme, dieselben Auseinandersetzungen zwischen meinen Eltern wie diejenigen, die im Film gezeigt werden. Die Frauen hatten ja quasi das Leben der Familien gemanagt, sie hatten gelernt und mussten lernen, ihr Leben in die eigene Hand zu nehmen. Und dann kommt mit einem Mal nach sechs, sieben, oder – wie in meinem Fall – zehn Jahren der Mann nach Hause, und alles soll so weiter gehen wie vorher. Das führte zu riesigen Auseinandersetzungen, und darüber ging der Film.«

Nach dreißig Jahren wieder zusammen am Set: Helma Sanders-Brahms und Kameramann Jürgen Jürges

Auch »Clara« ist wieder ein Lebensprojekt – in mehrfacher Hinsicht. Mehr als zehn Jahre hat die Regisseurin darum gekämpft, bei Filmförderern und Produzenten das Geld locker zu machen. Als dann im Sommer 2007 die Dreharbeiten begannen, fühlte sie sich, »wie ein Adler, der zehn Jahre im Käfig gefangen war und jetzt endlich wieder fliegen kann«. Indem sie das große Dilemma der Clara Schumann schildert, in der von Männern dominierten Musikwelt des neunzehnten Jahrhunderts als Künstlerin anerkannt zu werden, erzählt uns Helma Sanders-Brahms also auch viel über sich selbst und ihren Kampf, in der männerdominierten Welt des Films ihren Platz zu behaupten.

Jürgen, ihr Kameramann, sieht in der Geschichte der Clara und in jener der »bleichen Mutter«, bei aller Verschiedenheit der Umstände, viele Verbindungen und Parallelen: »Clara Schumann ist eine Künstlerin, die sich plötzlich zurücknehmen muss, um den Mann zu protegieren und zu pflegen. Außerdem sind beide starke Frauenfiguren – Clara ebenso wie die Mutter in Helmas Film. Aber das ist in beinah allen Filmen von Helma so, weil sie fast immer starke und zugleich zerbrechliche Frauen zeigt. Deswegen arbeite ich so gern mit ihr. Es gibt in unserem Filmgewerbe nicht viele, die die Fähigkeit haben, das künstlerisch umzusetzen, was sie selbst gelebt und erlebt haben.«

Es ist aber auch ein Familienprojekt – und zwar nicht nur für die Regisseurin. Die führt ja schon lange neben ihrem Mädchennamen den des Komponisten Johannes Brahms. Ihre Mutter war eine geborene Brahms und über eine Vetternlinie mit dem Komponisten verwandt. »Als ich jung war, hat mich die Verwandtschaft zu Brahms eher geärgert.«[30] Der habe »Musik für alte Männer gemacht«[31], fand sie damals. 1977 aber, als ihre Tochter Anna geboren wurde, änderte sie ihre Meinung. Sie erweiterte ihren Namen, und je älter sie wurde, desto mehr verehrte sie den großen Vorfahren. »Heute sehne ich mich danach, dass er sich in dem, was ich über ihn gemacht habe, wiedererkennt. Heute liebe ich Brahms. Ich erkenne mich wieder in den Gefühlen, die er in seiner Musik ausdrückt.«[32] Blut ist eben doch dicker als Wasser.

Wie Reliquien hütet die Regisseurin eine Decke, die einst der Mutter des Komponisten gehörte, und andere kleine Utensilien (etwa einen Sektkübel) aus dem Nachlass von Johannes Brahms. Und inzwischen gibt sie auch zu, dass sie Helma Johanna heißt, »weil in unserer Familie immer jemand Johannes heißt, meist der Älteste oder die Älteste«.[33]

Am »Clara«-Set wissen jedenfalls alle, wie wichtig die Familienbande für Helma geworden sind. Pascal Greggory hat den Eindruck, »sie erfüllt mit diesem Film eine Mission, da sie zur Familie Brahms gehört«. Malik Zidi versteht sofort, welche Bedeutung der Film für sie hat und vor allem die Rolle, die er darin spielt: »Dieser Film beschreibt einen Teil ihrer Seele, weil es ein Teil ihrer Geschichte ist. Deshalb sind die Drehtage mit ihr so dicht. Jeder hier weiß, dass dieser Film ein Stück von ihr ist. Ich war stolz, dass sie mir diese Rolle anbot, denn ich wusste ja, was es mit Brahms für eine Bewandtnis hat.« Martina Gedeck hat beim Drehen manchmal sogar das Gefühl, dass es der Regisseurin gar nicht so sehr darum geht, in der Rolle der Clara ein Stück von sich selbst zu inszenieren: »Seltsamerweise war Helma für mich immer eher das Gegenüber, sprich: einer der beiden Männer.«

Wie stolz die Regisseurin auf den berühmten Sohn ihrer Familie ist, merkt man, wenn sie von ihrer Kindheit erzählt, besonders dann, wenn die Rede auf »Oma Brahms« kommt, eine resolute, selbstbewusste, dem Leben zugewandte Frau, die zwei Kriege überstanden, zweimal alles verloren und dennoch sieben Kinder großgezogen hat. Ihr fühlt sich die Filmemacherin Sanders-Brahms fast noch mehr verbunden als der Mutter, und ihr will sie, wenn es irgend geht, auch noch ein filmisches Denkmal setzen.

Aber sie ist nicht die Einzige, die zu einem der Film-Protagonisten ein familiäres Verhältnis hat. Auch ihr »General« Jürges ist verwandtschaftlich verstrickt. Freilich hat er darüber weder mit ihr noch mit irgendjemand sonst geredet. Und es war ihm auch gar nicht recht, dass seine Frau mir das kleine Geheimnis verriet.

Es war am 25. Juli. Jürges und ich hatten uns in seinem Kölner Hotel zu einem langen Gespräch über den Film verabredet. Nach zwei Stunden sind wir fertig, das Tonband ist schon ausgeschaltet, als Frau Jürges zu uns an den Tisch kommt. »Ist es nicht wunderbar, wie die beiden die Geschichte ihrer Altvorderen in einen Film gepackt haben?« Ich bin konsterniert: »Wieso die *beiden*?« – »Das ist wieder typisch«, sagt sie, »er hat es Ihnen also nicht erzählt.« – »Was nicht erzählt?« – »Wer der Bruder seines Ur-Ur-Urgroßvaters war?« Und als ich verblüfft verneine, klärt sie mich auf: »Na, Robert Schumann!«[34]

Clara – Fotografische Impressionen

Von Konrad Rufus Müller

»Das feine, hübsche Gesichtchen
mit den etwas fremdartig geschnittenen
Augen, der freundliche Mund mit
dem sentimentalen Zug, der dann und
wann etwas spöttisch sich verzieht,
dazu das graziös Nachlässige
in ihren Bewegungen – nicht studiert,
aber weit über die Jahre hinausgehend!
Es ist, als wisse das Kind eine lange,
aus Schmerz und Lust geborene Geschichte
zu erzählen, und dennoch – was weiß sie? –
Musik.«

Ein Zeitgenosse im Jahr 1833 über Clara Wieck [1]

Ana Madzarewic, 12, als junge Clara

»Ja, meine Clara, ich habe Dich geliebt, ich liebe Dich und werde Dich auch ewig lieben – ach so sehr!«

Robert Schumann an Clara Wieck
in einem Brief vom 11. Februar 1838 [2]

Nikolai Kinski als junger Robert Schumann

»Am 8. November gab die elfjährige Pianistin Clara Wieck in Leipzig ein Konzert. Die ausgezeichneten, sowohl in ihrem Spiel als in ihren Kompositionen bemerkbaren Leistungen der jungen Künstlerin rissen zu allgemeiner Bewunderung hin und errangen ihr den größten Beifall.«

Leipziger Zeitung, 10. November 1830[3]

Ana Madzarewic, 12, als junge Clara

»Dominant ist Clara, die Künstlerin.
Sie war – nach allem, was ich von ihr weiß –
eine derart leidenschaftliche Konzertpianistin, dass sie ohne die Musik und ohne
das Konzertieren nicht leben konnte.«

Martina Gedeck über Clara Schumann

»In seinem ganzen Leben war um ihn herum viel Tod. Robert Schumann repräsentiert für mich den Tod und Clara das Leben.«

Pascal Greggory über Robert Schumann

»Er muss etwas Lauerndes, Geschmeidiges, aber eben doch auch etwas Unzerstörbares, etwas Edles haben.«

Helma Sanders-Brahms über den Darsteller von Johannes Brahms

Malik Zidi als Johannes Brahms

Seite 66:
Martina Gedeck als Clara Schumann
am Set, im Hintergrund Kameraassistent
Ansgar Krajewski

Seite 67:
Helma Sanders-Brahms, Jürgen Jürges und Martina Gedeck
sehen sich auf dem Monitor eine gerade gedrehte Szene an,
im Hintergrund: Srciptgirl Britta Butzmühlen.

»Keine glücklichere, keine harmonischere
Vereinigung war in der Kunstwelt denkbar
als die des erfindenden Mannes mit
der ausführenden Gattin, des die Idee
repräsentierenden Komponisten
mit der ihre Verwirklichung vertretenden
Virtuosin.«

Franz Liszt über Robert und Clara Schumann [4]

Martina Gedeck und Pascal Greggory während einer Drehpause
auf Burg Bergerhausen

Seite 70:
Perfekt imitierte Notenblätter versetzen auch die Schauspieler
ins 19. Jahrhundert.

Seite 71:
Immer dabei, aber nie im Bild: der ungarische Tonmeister János Csáki bei der Arbeit.

»Mein Klavierspiel kommt wieder ganz hintenan, was immer der Fall ist, wenn Robert komponiert. Nicht ein Stündchen im ganzen Tag findet sich für mich! Wenn ich nur nicht gar zu sehr zurückkomme!«

Clara Schumann, Ehetagebuch, Juni 1841 [5]

Clara (Martina Gedeck) lauscht dem Klavierspiel von Johannes Brahms (Malik Zidi).

»Auch Clara hat eine kleine Komposition fertig, die einen recht schönen Charakter atmet; sie darf jetzt wieder ordentlich spielen; aber freilich, die Künstlerin muss der Mutter schon manche Stunde aufopfern.«

Robert Schumann, Tagebuch, 24. Oktober 1841 [6]

Martina Gedeck mit Brigitte Annessy (als Kindermädchen Bertha)
und deren Tochter Marine als 3-jährige Eugenie Schumann

»Es ist ein ganz anderes Gefühl,
wenn man sich am Set zwischen
alten Gegenständen bewegt,
die auch wirklich echt aussehen.«

Kameramann Jürgen Jürges

Detail aus der Filmküche

Eine kleine Rolle für eine Grande Dame des deutschen Theaters

Christine Oesterlein als Schumanns Köchin

Hier tobt das Leben, hier spielen die Kinder, hier rutscht Johannes das Geländer herunter. Robert, der Düstere, wohnt zwar im selben Haus, aber in einer anderen Welt.

Die Film-Kinder werden im Treppenhaus der Burg Bergerhausen auf den nächsten Dreh vorbereitet.

»Schumann sprach sich heute über eine eigentümliche Erscheinung, die er seit mehreren Tagen wahrgenommen, aus. Es ist dies: Das innerliche Hören von wunderschönen, in der Form vollkommenen Musikstücken … Merkwürdigerweise tritt diese sonderbare Erscheinung jetzt, wo Schumann seit 8 Wochen, und noch länger, nicht komponierte, auf.«

Ruppert Becker, Konzertmeister des Düsseldorfer Orchesters, Tagebuch, 14. Februar 1854[7]

Pascal Greggory in einer Drehpause

»Das Kostüm beginnt anzuwachsen, in den Augen entsteht ein Ausdruck, den es vorher nicht gab, in den Körper rinnt – einer Infusion gleich – Spannung.«

Oliver Storz über die von ihm bei Kostümproben oft beobachtete »magische Verwandlung« des Schauspielers in seine Figur

Martina Gedeck bei der Lichtprobe am Set, hinter ihr »Best Boy« Celio Castro

»Da kam Johannes Brahms. Ihn liebte und verehrte euer Vater; er kam, um als treuer Freund alles Leid mit mir zu tragen; er kräftigte das Herz, das zu brechen drohte, er erhob meinen Geist, erheiterte, wo er nur konnte, mein Gemüt, kurz: er war mein Freund im vollsten Sinne des Wortes.«

Clara Schumann, Tagebuch, undatiert [8]

Malik Zidi als Johannes Brahms in Schumanns Arbeitszimmer

»Die eigentliche Erziehung lag in den Händen der Mutter, doch gelegentlich griff auch die väterliche Autorität, und zwar nicht bloß mit Worten, ein und erzielte dadurch – gerade als Ausnahmefall – durchschlagende Wirkungen.«

Marie Schumann, Erinnerungen [9]

Clara Eichinger als Marie und Aline Anessy als Elise Schumann

Im Chaos des Umzugs: Bilder, Leuchter, Teppiche, Topfblumen – der noch ungeordnete Haushalt eines Künstlerpaares in der Biedermeierzeit

»Sein Name erscheint für Sekundenbruchteile mikroskopisch klein auf dem Nachspann, wobei allerdings außer ihm selber und seiner Mutter keiner es schafft, ihn auch zu lesen.«

Luciano de Crescenzo über den »Unbekannen Soldaten« des Films

Britta Butzmühlen, Script und Continuity, bei der Arbeit

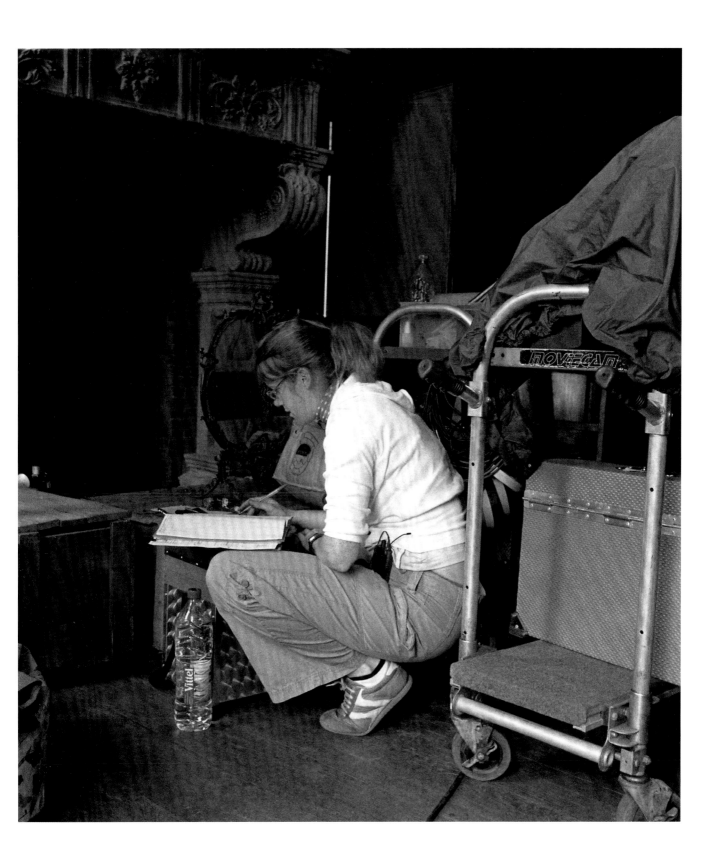

»Die Musik ist doch ein gutes Stück von meinem Leben, fehlt sie mir, so ist es, als wäre alle körperliche und geistige Elastizität von mir gewichen.«

Clara Schumann, Tagebuch, 9. September 1853 [10]

Martina Gedeck während einer Drehpause am Klavier,
im Hintergrund: Malik Zidi und Pascal Greggory

Seiten 96 und 97:
Pascal Greggory als Robert Schumann

»Ach hätte ich nur erst das Wochenbett hinter mir, dann muss ich etwas unternehmen – dies Leben halte ich nicht aus! – ich muss auch sehen, etwas zu verdienen, das Leben kostet doch gar zu viel, und Roberts Kasse schmilzt dabei immer mehr.«

Clara Schumann, Tagebuch, 16. Mai 1854[11]

Martina Gedeck bei der Vorbereitung der Geburtsszene

»Was ich mir nicht zu denken getraute, ist eingetreten! Schumann ist schon seit einigen Tagen geisteskrank!«

Ruppert Becker, Konzertmeister des Düsseldorfer Orchesters, Tagebuch, 21. Februar 1854[12]

Pascal Greggory als Schumann in der Irrenanstalt

»Der Morgen kam, und mit ihm eine furchbare Veränderung. Die Engelstimmen verwandelten sich in Dämonenstimmen mit grässlicher Musik; sie sagten ihm, er sei ein Sünder, und sie wollten ihn in die Hölle werfen. Er schrie vor Schmerzen. Nie will ich diesen Anblick vergessen, ich litt mit ihm wahre Folterqualen.«

Clara Schumann, Tagebuch, Februar 1854 [13]

Martina Gedeck in einer Drehpause

»Mein armer Robert leidet schrecklich. Alles Geräusch klingt ihm wie Musik. Er sagt, es sei Musik mit so wundervoll klingenden Instrumenten, wie man auf der Erde nie hörte.«

Clara Schumann, Tagebuch, Februar 1854[14]

Pascal Greggory als Schumann in der Irrenanstalt – der Kopf wird aufgebohrt.

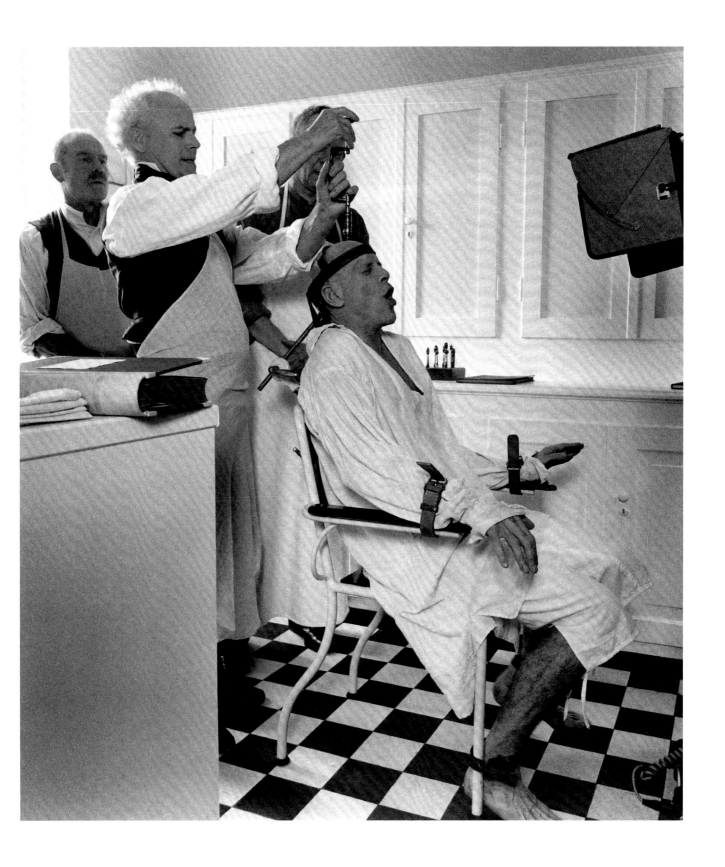

105

»Willst du Schumann lebend sehen, so komme unverzüglich. Bedenke Deine Gesundheit. Wir sind in Bonn, Deutsches Haus. Brahms.«

Telegramm von Johannes Brahms an den Violinvirtuosen
Joseph Joachim, vom 24. Juli 1856 [15]

Das zerwühlte Totenbett des Komponisten

»Dem Relief fehlt zwar nicht die Aehnlichkeit, aber der geistige Ausdruck. Das Uebrige ist poetisch, zart, reizend empfunden.«

Clara Schumann, 1880 über den auf dem Alten Friedhof errichteten Grabstein zu Ehren Schumanns, an dessen Seite sie später beigesetzt wurde.

Das Bonner Schumann-Grab

»Zwischen Hölle und Himmel«

Helma Sanders-Brahms über ihren neuen Film »Clara«, das deutsche Kino und ihr Lebenswerk

Von Hartmut Palmer

Hartmut Palmer: In vielen Ihrer Filme haben Sie nicht nur die Geschichte unserer Generation erzählt, sondern auch ganz persönliche Begebenheiten aus Ihrem Leben. Mir scheint, dass auch der neue Film »Clara« ein sehr autobiografisches Projekt ist, obwohl die Handlung im neunzehnten Jahrhundert spielt.

Helma Sanders-Brahms: Das ist es sicherlich – aber nur zum Teil. Es geht bei Clara um eine Frau, die Künstlerin ist, entschieden Künstlerin, die aber auch sich selbst als Frau im herkömmlichen Sinne leben will. Das heißt: Sie versucht, alles zu sein. Und das ist, glaube ich, ein Merkmal der Frauen, die in meinen Filmen vorkommen. Zum Beispiel die Grischa in »Unterm Pflaster ist der Strand« oder meine Mutter in »Deutschland bleiche Mutter«. Das sind nicht unbedingt die typischen Leitfiguren der Frauenbewegung, sondern das sind Frauen, die den Anspruch erheben das Weibliche zu leben, zugleich aber auch jene Seite an sich zu leben, die – zumindest in der Zeit von Clara Schumann – den Männern vorbehalten war, nämlich die Kunst.

HP: Das klingt wie ein Selbstporträt und bestärkt mich in der Vermutung, dass Clara auch ein im weitesten Sinne autobiografisches Projekt ist. Ich möchte es – ein bisschen zugespitzt – einmal so formulieren: Die Musikerin Clara Schumann kämpfte um ihren Platz in der von Männern dominierten Musikwelt, die Filmemacherin Helma Sanders-Brahms kämpft um ihren Platz in der von Männern dominierten Filmwelt.

HSB: Aber das wäre sicher zu kurz gegriffen. Ich glaube, wir sind über die Zeit hinaus, wo man sagen muss, dass es wichtig ist für eine Frau, sich in einer Männerwelt zu behaupten. Ich habe auch immer versucht, mich in der Frauenwelt zu behaupten. Aber mich gegen die Männerwelt durchzusetzen, das war eigentlich nie mein Ziel.

HP: Sondern?

HSB: Ich habe versucht, mein Leben so vollständig und authentisch wie möglich zu leben und mir nicht irgendwelche Scheuklappen anlegen zu lassen, dass ich irgendetwas nicht machen dürfte. Mein Ziel war es immer, Filme zu machen, die so vollendet wie möglich sind. Das kann man, oder man kann es nicht. Und dabei spielt die Frage, ob ich ein Mann bin oder ein Frau, genau so viel oder so wenig eine Rolle, wie die Frage, ob ich Deutsche bin oder Französin, ob ich braune Augen habe oder blaue – das alles kommt zwar irgendwo vor und macht dann auch meinen speziellen Film aus, aber in einer tatsächlich emanzipierten Gesellschaft würde man nicht mehr fragen: »Macht die das, weil sie eine Frau ist?«, sondern man würde fragen: »Ist das gut, was die macht, oder nicht?«

HP: Trotzdem ist es doch wohl kein Zufall, dass Sie immer wieder Frauen fasziniert haben, die stark und zugleich zerbrechlich sind. Siehe die schon erwähnte Grischa, siehe Else Lasker-Schüler, siehe Ihre Mutter und jetzt Clara.

HSB: Gut, das sind eben Figuren, die mich bewegen, und Themen, die mir liegen, von denen ich auch weiß, da kann ich etwas machen, was vielleicht andere Regisseure so nicht können. Aber es ging und geht mir in erster Linie darum, ein Optimum an Film zu machen. Einen intensiven, dichten Film. So, wie ich es kann, wie es meiner Mentalität, meinem Talent entspricht. Das ist das, was ich suche.

HP: Und wie kamen Sie auf den Clara-Stoff?

HSB: Clara Schumann gehörte zu den doch recht zahlreichen Künstlerinnen in der Mitte des neunzehnten Jahrhunderts – George Sand in Frankreich, die Droste in Deutschland, die Brontë-Schwestern in England –, die prominent und sichtbar den Anspruch der Frauen klar gemacht haben, genauso wie die Männer in der Kunst auftreten zu können und ernst genommen zu werden.

HP: Also hätten Sie auch einen Film über die Droste machen können. Oder über George Sand. Sie haben aber einen über Clara gemacht.

HSB: Ja, denn Clara ist eine besonders faszinierende Frau. Sie ist der erste weibliche Weltstar in Europa gewesen, den Deutschland hervorgebracht hat. Eine Pianistin, die auf der Konzertbühne so berühmt war wie Franz Liszt, eine Komponistin, die zwei der größten deutschen Komponisten ihrer Zeit, nämlich Robert Schumann und Johannes Brahms, zum Durchbruch verhalf. Eine Frau, hoch begabt und künstlerisch inspiriert, im ständigen Konflikt zwischen ihrer künstlerischen Karriere, ihrem Mann und ihren Kindern. Eine Frau aber auch, und dieser Aspekt hat mich besonders interessiert, die zwischen diesen beiden Männern steht – zwischen dem großen sterbenden König Robert Schumann und dem kommenden König Johannes Brahms – und die sich am Ende für die Kunst, für ihre Unabhängigkeit entscheidet. Ich wusste immer, das ist ein wunderbarer Filmstoff, er ist ja auch 1944 von der UFA mit riesigem Erfolg und drei Jahre später von Hollywood als Remake verfilmt worden. Und ich habe mir einfach nicht ausreden lassen von den Filmförderern und Produzenten, dass dies kein guter Filmstoff sei. Es ist ein fantastischer Filmstoff!

HP: Warum hat es trotzdem so lange gedauert, bis dieser fantastische Stoff verfilmt werden konnte?

HSB: Ich sehe dafür im Wesentlichen drei Gründe. Erstens wurde eingewandt, dass es ein »Kostümfilm« sei und dass »Kostümfilme« nicht mehr zeitgemäß seien. Der zweite Grund ist, dass ich zu den Autorenfilmern gerechnet werde. Und die Drehbücher von Autorenfilmern wurden überhaupt nicht mehr gelesen, schon von vornherein nicht.

HP: Warum?

HSB: Weil man in mir jemanden vermutete, der in ungewöhnlicher und anderer Weise Filme macht und der im internationalen Film eine gewisse Autorität darstellt, die in Deutschland seit Mitte der achtziger Jahre nicht mehr gewünscht war. Die Produzenten, die seitdem Filme machen, wollten selber etwas gelten, sie wollten nicht jemanden produzieren, der oder die schon etwas galt.

HP: Also jemand, der wie Sie zugleich Drehbuch schreibt, Regie führt und dann auch noch als Produzentin verantwortlich zeichnet: So jemand ist für die ein rotes Tuch?

HSB: Ja. Offensichtlich. Ich bin überzeugt, dass meine Drehbücher damals vielfach nicht gelesen worden sind. Dasselbe Drehbuch, das jetzt verfilmt wurde, hatte ich schon einmal vor zehn oder elf Jahren eingereicht. Und es ist abgelehnt worden. Jetzt aber sprachen mich dieselben Leute an, die es früher abgelehnt hatten und sagten: Was für ein tolles Drehbuch! Daraus schließe ich, dass sie es damals nicht gelesen hatten.

HP: Und der dritte Grund?

HSB: Hat weniger mit mir und dem Film zu tun. Die Deutschen haben ja Probleme, ihre positive Geschichte wiederzufinden. Schumann, das ist ein Stück ihrer positiven Geschichte. Ich habe genug Filme über die Nazis und die Judenverfolgung gemacht. Ich wollte diesen Film vor elf Jahren drehen – auch im Zusammenhang mit der etwas missglückten Wiedervereinigung –, weil ich etwas zeigen wollte, das zu tun hat mit dem positiven Bild, das die Welt von Deutschland hat: mit der Romantik, mit der Liebe zur Natur, zur Musik, zur Reflexion – das ist hier ja alles drin.

HP: Was heißt das: Ich will das andere, das gute Deutschland zeigen?

HSB: Nicht in einem süßlich-verherrlichenden Sinne, aber das positive Deutschland, das der Welt etwas gegeben hat, das Deutschland, das eine große künstlerische und menschliche Dimension erreicht hatte. Dieses Deutschland ist eben nicht nur das Deutschland der Nazis. Dieses Deutschland, das ich meine, war für die ganze Welt ein großes Laboratorium des Denkens, des Fühlens und der Abstraktion, was natürlich alles in der Musik eine Rolle spielt.

HP: Und vor elf Jahren kam das nicht an, war nicht zeitgemäß?

HSB: Das könnte sein. Das Problem war jedenfalls, dass die Leute, die mir heute das Geld fürs Kino geben, damals nicht der Auffassung waren, dass so ein Stoff im Kino laufen könnte.

HP: Also haben sich zwar nicht der Filmstoff oder das Drehbuch geändert, wohl aber die Ansichten darüber? So wie sich auch die Deutschlandfahne nicht geändert hat, wohl aber – siehe Fußballweltmeisterschaft 2006 – die Ansichten über die Fahne und der Umgang mit ihr, so wie unsere Generation gelernt hat, wieder unbefangen »Deutschland« zu sagen?

HSB: Das sehe ich genau so. Aber genau darin liegt heute die Chance für »Clara«.

HP: Das Drehbuch liest sich stellenweise wie ein Roman. Es fehlen die sonst üblichen Regieanweisungen – »Kamerafahrt von da nach dort«, »Totale«, »Halbtotale« etc. –, stattdessen werden die Verhaltensweisen der Figuren geschildert. Wie die Schauspieler die Gefühle ausdrücken, ist weitgehend ihnen überlassen. Malik Zidi, der den Brahms spielt, war ganz begeistert. Er sagte: »Dieses Drehbuch lässt den Schauspielern alle Freiheiten, die Gefühle zu spielen, die von ihnen verlangt werden.« Wenn im Drehbuch steht: »Johannes schaut Clara an, Clara dreht sich weg« – dann wissen die Schauspieler, wie sie das spielen müssen.

HSB: Ja. Aber indem ich mich für eine ganz bestimmte Kameraeinstellung entscheide, gebe ich trotzdem vor, wie die Szene nachher wirkt. Denn der Schauspieler ist ja nur die eine Hälfte, die andere Hälfte ist das Bild. Wenn ich von dem Menschen eine Großaufnahme seines Gesichts mache, dann kommt etwas ganz anderes rüber, als wenn ich eine Totale von diesem Menschen zeige. Und wenn man eine Kamerafahrt mit ihm macht, dann stellt sich wieder eine andere Emotion ein.

HP: Ich habe verstanden: Die Chefin am Set sind Sie. Trotzdem gab es, wie ich höre, bei den Dreharbeiten von »Clara« ein paar Auseinandersetzungen.

HSB: Ja, am Anfang gab's dieses üblichen Abstecken von Revieren, das gehört dazu. Dann wird Klartext geredet, und dann sind die Reviere markiert. Da ich verantwortlich für das Projekt bin, verlange ich Loyalität am Set. Insgesamt jedoch herrschte viel Freude und Harmonie, wie ich es eigentlich noch nie erlebt habe.

HP: Es ist mir jedenfalls nicht gelungen, auch nur einem Ihrer Schauspieler etwas Gegenteiliges zu entlocken.

HSB: Alle Schauspieler, mit denen ich gearbeitet habe, wollen gerne wieder Filme mit mir machen. Das liegt vielleicht daran, dass ich versuche, ihnen am Set klare Grenzen zu geben, innerhalb derer sie aber sie selbst sein dürfen. Das heißt, ich denke mir für jeden Schauspieler eine Strategie aus, wie ich an ihn oder sie heran-

»Für jeden Schauspieler eine Strategie«: Helma Sanders-Brahms mit Schumann-Darsteller Patrick Greggory und Regieassistent David Steinberger

gehe. Das ist jedes Mal anders und bei jedem Schauspieler anders. Ich fühle, dass jeder Schauspieler auf bestimmte Dinge anders anspricht: Dass man dem einen sehr viel Zärtlichkeit geben, ihn auch mal in den Arm nehmen, dass man bei anderen wiederum Distanz wahren muss – so etwas sollte man als Regisseur spüren. Bei Pascal Greggory beispielsweise...

HP: ... der den Robert Schumann spielt ...

HSB: ... muss man auf jeden Fall eine Distanz wahren, das ist ganz wichtig. Er hat nicht gerne, wenn man ihm zu sehr auf den Leib rückt. Martina ...

HP: ... Gedeck, die Darstellerin der Clara Schumann ...

HSB: ... verlangt hingegen geradezu, bei nervenden Drehs ab und zu in den Arm genommen zu werden, weil sie das einfach körperlich braucht.

HP: Und Malik Zidi, der den Johannes Brahms spielt?

HSB: Der hat es furchtbar gerne, wenn man mit ihm redet und ihm erklärt, warum man etwas so und nicht anders machen will. Bei Malik gibt es eine sehr intensive, verbale Verständigung. An einem Abend haben wir uns an seiner Hotelbar getroffen, obwohl es beim Dreh sehr spät geworden war, und haben über die Szene im Hotel geredet, die wir am nächsten Tag machen wollten.

HP: Das war die Bettszene im Hotel, die vorletzte im Film?

HSB: Ja. Es ging darum, einen Weg für ihn zu finden, wie er das spielen kann. Denn diese Begegnung mit Clara im Hotelzimmer findet ja unmittelbar nach dem Tod von Robert statt. Der junge Brahms, der diese Frau liebt, der für Clara Schumann eigentlich alles getan hat – er hat ihre Kinder versorgt, er hat ihr mit ihrem kranken Mann geholfen, er hat ihren Mann sozusagen lieben gelernt, weil es ihr Mann, weil es Robert Schumann war – dieser junge Brahms geht mit ihr ins Hotel. Sie legt sich halb entkleidet auf das Bett. Er weiß nicht, ob er gehen oder bleiben soll. Sie sagt: »Bleib!« Er beginnt sich auszuziehen, er beugt sich über sie und sagt: »Die Zeit ist gekommen. – Le moment est venu.« Und um diesen Satz im Drehbuch gingen seine Fragen, weil er damit Schwierigkeiten hatte.

HP: Martina auch?

HSB: Martina fand es unpassend, dass Johannes jetzt Druck auf Clara ausübt, nachdem sie gerade den Tod ihres Mannes miterlebt hat.

HP: Das kann ich gut nachvollziehen. Wenn er in dieser Situation sagt: »Die Zeit ist gekommen« – dann relativiert sich doch alles, was er scheinbar selbstlos für sie getan hat. Er hat es eben nicht selbstlos getan, könnte der Zuschauer denken, sondern in der festen Erwartung, dass er eines Tages mit ihr ins Bett gehen wird. Aber sie kann nicht, weil Robert noch allgegenwärtig ist.

HSB: Ja, das ist die eine Seite dieser Szene, dass der große Schatten des toten Robert darüber liegt. Und es wäre entsetzlich für den ganzen Film, wenn sie jetzt zu vögeln anfingen.

HP: Man kann nicht vom offenen Grab umsteigen ins Bett.

HSB: Andererseits aber steuert eigentlich der ganze Film auf diese Situation hin, wo Grab und Bett ganz nahe beieinander sind. Und jetzt ging es darum, wie man das so spielt, dass die Nähe von Eros und Thanatos, von Tod und körperlicher Liebe, spürbar wird, die wirklich ganz, ganz tief ist – die Franzosen sagen dazu ja auch »le petit mort«, »der kleine Tod«. Was auch viel zu tun hat mit der Verbindung des Menschen zu seiner Geburt und zu seinem Tod.

HP: Aber eigentlich sehnt sie sich doch nach seiner körperlichen Nähe?

HSB: Genau. Einerseits schwebt der tote Robert über dieser Szene. Andererseits ist für sie endlich der Moment gekommen, wo sie frei wäre für Brahms, wo sie etwas anderes leben könnte, wo sie ihre Liebe zu ihm leben könnte. Der Moment aber auch, wo sie erkennt, dass sie das nicht schafft, dass sie es einerseits will, andererseits aber auch nicht will. Sie begehrt ihn, aber sie muss ihn zugleich wegstoßen. Und er umarmt sie und muss zugleich auf sie verzichten.

HP: Martina Gedeck sagt, diese schwierige emotionale Gemengelage habe sie nur dadurch auflösen können, dass sie zu weinen begonnen habe. Das habe zwar nicht im Drehbuch gestanden, aber dadurch sei für sie die Szene spielbar geworden.

HSB: Ja, das ist so. Martina hat völlig Recht, wenn sie sagt: »Ich muss da weinen.« Aber sehen Sie, wenn ich jetzt so ein Regisseur wäre wie diese idealen Regisseure, dann hätte ich wohl gesagt: »Also, das steht hier nicht im Drehbuch, und deshalb machen wir das jetzt so nicht.« Ich aber sagte zu Martina: »Wunderbar! Das ist genau richtig. Wäre es mir doch auch schon eingefallen, aber zum Glück ist es dir noch rechtzeitig eingefallen, wir können es jetzt so machen.« Denn ich will ja, dass das, was sie spielt, Martinas Clara wird und keine Drehbuch-Clara bleibt.

HP: Sie würden diese Szene als Schlüsselszene des Films ansehen?

HSB: Ja, natürlich, weil sich mit dieser Szene die Beziehung zwischen Clara Schumann und Johannes Brahms vollendet. Das ist für die Figur Brahms der absolute Höhepunkt: Dieser ungeheure Verzicht, den er sich auferlegt, das zu sagen, was er sagt: »Ich werde mit anderen Frauen schlafen, aber nie mit dir. Aber ich werde bei jeder, mit der ich schlafe, an dich denken. Ich werde da sein, wenn du stirbst, und werde dich begleiten in das dunkle Reich« – eine größere Liebeserklärung kann ein Mann einer Frau meiner Meinung nach nicht geben; und dann tatsächlich zu verzichten, das ist weit mehr, als mit ihr zu schlafen. Darüber habe ich mit Malik geredet und habe ihm gesagt: »Das ist die schönste Szene, die ich je für einen Mann geschrieben habe.«

HP: Ist diese Szene auch eine kleine cineastische Hommage an den großen Vorfahren der Helma Sanders-Brahms?

HSB: *(lacht)* Also, Brahms hat es wirklich nicht nötig, dass ich über ihn einen Film mache. Außerdem habe ich ihn viele Jahre entsetzlich gefunden. Wobei ich sagen muss, dass ich jetzt, wo ich älter werde, seine Musik langsam wunderbar finde.

HP: Warum haben Sie ihn entsetzlich gefunden?

HSB: Ja, ich fand das war nur etwas für alte Leute *(lacht)*. Für alte, resignierte Leute. In der Zeit, als ich für Charles Wilp als Model in der Afri-Cola Reklame herumgehüpft bin, da fand ich das echt furchtbar.

HP: Ihre Mutter war eine geborene Brahms, und über die haben Sie ja in dem Film »Deutschland bleiche Mutter« viel erzählt. Fehlt nur noch der Film über die Mutter der Mutter, von der Sie auch oft reden.

HSB: Mimi, die Brahms-Oma aus Emden, über die würde ich tatsächlich gern einen Film machen. Das war eine ungewöhnliche Frau. Keiner wagte, zu mucken, wenn sie irgendetwas sagte. Und sie hatte auch eine Art, es zu sagen – das kennen Sie doch bestimmt auch: Es gibt Frauen, die sagen etwas, und alle nicken. Die finden einfach die Unterordnung der Leute dadurch, dass sie ganz klar und souverän entscheiden und sich ihrer Sache auch immer sehr sicher sind. Wenn meine Großmutter einkaufen ging, dann war sie es gewohnt, sich in dem Laden, in dem sie einkaufte, auf einen Stuhl zu setzen und von hier aus ihre Entscheidungen zu treffen: »Dies will ich haben und jenes.« Das wurde auch akzeptiert. Und so führte sie auch ihr Leben. Sie setzte sich hin und machte dann einfach. Sie sagte: »So und so wird das gemacht.« Oder sie machte es selbst; wenn gerade keiner da war, konnte sie das alles nehmen und selber machen.

HP: Täusche ich mich oder habe ich eben die Beschreibung einer Filmregisseurin gehört: Die Frau, die immer auf dem Stuhl sitzt, von dort die Leute dirigiert und sagt, was Sache ist?

HSB: *(lacht)* Ja, vielleicht. Die Kinder wollen ja nichts von ihren Müttern haben, aber von ihren Großmüttern schon. Und diese Oma hat mich immer beeindruckt: Sieben Kinder. Zwei Weltkriege. Zweimal alles verloren. Und trotzdem immer weiter gemacht.

HP: Ein bisschen wie Clara ...

HSB: ... nur dass die keine Kriege erleben musste.

HP: Und so hartnäckig wie Helma Sanders-Brahms, die elf Jahre lang gekämpft hat, bis endlich »Clara« gedreht werden konnte. Viele Ihrer Filme hatten zunächst in Deutschland keinen Erfolg, dann aber im Ausland einen umso größeren. Ihr erster Film über die Verkäuferin, ein Dreißig-Minuten-Stück, war dem *WDR* zu lang, und der Film gewann in Oberhausen dann zwei Filmpreise. »Deutschland bleiche Mutter« wurde von der deutschen Kritik auf der Berlinale verrissen ...

HSB: ... allerdings nachdem ich für diesen Film auf der Berlinale mit vier Minuten stehenden Ovationen gefeiert worden war.

HP: Trotzdem hat die deutsche Presse Sie verrissen, die Kinos nahmen den Film aus dem Programm, aber Sie sind – so wird erzählt – mit den Filmrollen unterm Arm nach Paris gefahren und haben den Film dort Jacques Rivette und François Truffaut gezeigt, der eine hat ihn fünfmal, der andere elfmal gesehen, und beide waren begeistert.

HSB: Also, der Film war eingeladen worden auf ein Frauen-Festival in Paris und wurde dort in einem 1500-Plätze-Kino gezeigt. Ich war eingeladen, bin auch hingefahren und saß in diesem Riesenkino. Als der Film zu Ende war, herrschte Totenstille im Festivalhaus. Es war nichts zu hören. Und ich habe da gesessen, betäubt von dieser Stille und habe gedacht: Was mach ich jetzt? Und dann bin ich vor das Publikum getreten – wie gesagt: Es herrschte Totenstille, keine Hand rührte sich, niemand hat geklatscht, es war ganz still –, und ich habe gesagt: »Ich bin diejenige, die den Film gemacht hat. Das ist meine Geschichte. Ich kann verstehen, dass Ihnen das nicht gefällt, aber so war's, und ich habe mich bemüht, so aufrichtig wie möglich zu sein.« Und in dem Moment standen alle Leute auf – still. Das Publikum erhob sich und kam langsam auf mich zu. Alle strömten plötzlich auf mich zu, wollten mich anfassen, umarmen. Einige weinten. Und dann brach ein beispielloser Applaus los. Und das war dann ein so rauschender Erfolg, das können Sie sich gar nicht vorstellen! Es war wirklich eines der ganz großen Phänomene in der Pariser Filmgeschichte. Der Film ist dann 72 Wochen in Paris gelaufen – 72 Wochen, das sind anderthalb Jahre! Und dann hatte der Film noch einen Riesenerfolg in Japan, wo er auch monatelang gelaufen ist, in den USA, in Schweden, England, Indien – also in allen großen Filmländern.

HP: Sie haben, lese ich in Ihrer Vita, das Filmgeschäft bei Pier Paolo Pasolini gelernt, damals einer der ganz Großen des europäischen Kinos.

HSB: … und bei dem Spaghetti-Western-Regisseur Sergio Corbucci. Das waren königliche Leute. Sehr gern hätte ich auch bei Luchino Visconti gelernt, aber das hat sich leider nicht so ergeben.

HP: Und wie haben Sie Pasolini kennen gelernt?

HSB: Damals war ich Ansagerin beim *WDR*, und *WDR* 3 wollte Interviews haben mit diesen wichtigen Regisseuren, die damals ja in Italien wirklich ganz große Leute waren. Und dann habe ich einfach gesagt: »Ich kann Italienisch« – aber ich konnte kein Italienisch. Ich konnte Französisch und Englisch und hatte auch ein bisschen Latein in der Schule gehabt, und ich habe mich dann hingesetzt und drei Wochen lang Italienisch in einem Crash-Kurs gelernt. Und nach den drei Wochen konnte ich Italienisch. Und dann sind wir da runtergefahren, und der erste Drehort, an den wir kamen, war das Mittelmeer bei Ostia. Dort drehte Pasolini eine Szene für »Medea« mit Maria Callas. Als wir abgeholt wurden, war es noch finstere Nacht. Wir wurden dann rausgefahren nach Ostia, seltsamerweise ganz nah bei dem Ort, an dem Pasolini später gestorben ist. Dort waren Dünen, es sah ein bisschen aus wie auf Rügen. Und von diesen Dünen ging es runter – und ich weiß noch, wie ich davon berührt war, weil ich zum ersten Mal das Mittelmeer dort sah, auf der Höhe von Rom: So hatte ich das Mittelmeer noch nie gesehen. Und es war noch dieses ganz matte Dämmerlicht, bevor der Tag beginnt, so ein bisschen konnte man die Umrisse erkennen.

HP: So ein Licht wie am Anfang von »La Dolce Vita«?

HSB: Ja, vielleicht. Jedenfalls lagen da die Schienen, auf denen später die Kamera fahren sollte, und am Rande des Meeres saßen vier Männer auf braunen Pferden, und die Männer waren nackt, und die Pferde waren braun, und die Bräune ihrer Haut und die Bräune dieser Pferde flossen ineinander über, und die Männer hatten Locken, und in den Locken steckten Muscheln. Und man konnte das nur ganz schwach unterscheiden. Und als ich dann da unten war – sie hatten gerade die Kamera vorbereitet und die Schienen –, da kam ein relativ kleiner Mann auf uns zu, mager und mit ganz großen, glühenden Augen, und in dem Moment, als er mich anguckte, wusste ich: Das ist Pasolini. Weil: ich hatte natürlich schon viele Fotos von ihm gesehen. Ich erklärte ihm, was ich wollte. Er sagte nicht viel. Er guckte mich an, und dann sagte er: »Du wirst Kino machen.« Das hat mich völlig überwäl-

»Du wirst Kino machen«: Helma Sanders-Brahms erklärt den Schauspielern eine Szene

tigt. Und kurz darauf – ich wollte ihn eigentlich interviewen, aber er meinte: »Später!« – ging er zu dieser Kamera, und die fing an zu fahren, denn in dem Moment kam am Horizont die Sonne raus.

HP: Er hatte auf diesen Moment gewartet, weil er dieses Licht zum Filmen brauchte?

HSB: Er hatte genau auf diesen Moment gewartet, und die Pferde trabten dann ins Wasser, und es spritzte und blitzte in der Sonne. Die Szene ist leider nicht in dem Film geblieben, er hat sie später rausgeschnitten. Aber das ist eine so unglaublich schöne Szene – und dass er mir auch noch sagte: »Du wirst Kino machen …«

HP: Das war ja wie eine Verheißung!

HSB: Es war eine so unendliche Verheißung, dass ich immer gedacht habe: Dem muss ich gerecht werden. Was auch immer ich später gemacht habe: Ich muss dem einfach gerecht werden!

HP: »Du wirst Kino machen …«

HSB: Ja. »Vai a fare cinema.« Und dann bin ich nachher auf ihn zugegangen, wir haben das Interview gemacht, und ich habe ihm Fragen gestellt, die ihm ungeheuer zu gefallen schienen, und dann sagte er: Wenn ich Lust hätte, könnte ich dabei bleiben. Ich sollte am nächsten Tag wiederkommen, dann wäre ein Stuhl für mich dort. Ich könnte auch was machen, zum Beispiel mich um Frau Callas kümmern. Wir haben erst noch Interviews geführt – und ich erklärte ihm, am nächsten Tag könne ich nicht, aber den darauf folgenden Tag schon. »Na gut: Also übermorgen!« Und als ich dann kam, stand dort ein Stuhl, und da stand »Helma« drauf. Und dann war ich Teil dieses Teams.

HP: Ein furioser Start. Und so, wie Sie das jetzt erzählt haben, könnte es auch in einem Ihrer Drehbücher stehen. Sie können Geschichten in Filmbildern erzählen.
HSB: Ja, das ist meine Gabe. Kino ist eine herrliche Kunst, das Komplexeste, das Tollste überhaupt. Ein richtig großer Film – da ist alles drin. Alle Künste, die der Mensch in seiner Kulturgeschichte entwickelt hat, die fließen hier zusammen. Und das möchte ich ausfüllen. Das ist mein Anspruch: Dass ich Werke schaffen darf in dieser herrlichen Kunst. Ich kann viele Sachen nicht, die normale Menschen können. Aber wenn ich auf einem Set bin, dann befällt mich eine ungeheure Sicherheit. Ich weiß dann: Das kann ich. Und das Gefühl hatte ich auch schon, als Pasolini zu mir sagte: »Du wirst Kino machen.« Danach bin ich zurückgefahren nach Köln, habe meinem Verlobten den Ring zurückgegeben und ihm gesagt: »Ich werde Kino machen.«
HP: Sie waren damals verlobt?
HSB: Ja. Ich wollte eine ganz normale Frau werden, das wollte ich zwischendurch immer wieder mal.
HP: Schließt sich das denn aus: Kino machen und eine normale Frau sein?
HSB: Ja. Für mich ja.
HP: Ist diese Kunst so besitzergreifend, dass sie alles nimmt?
HSB: Alles. Kunst ist so besitzergreifend, wenn du dich mit ihr einlässt, musst du ihr alles geben.
HP: Wie haben Sie es denn dann geschafft, Anna, Ihre Tochter, groß zu ziehen?
HSB: Ich musste unbedingt ein Kind haben, um überhaupt das Gefühl zu haben, dass ich lebe, dass ich nicht nur einer Schattenwelt angehöre.
HP: Und als das Kind da war, haben Sie trotzdem noch Filme gemacht. Wie ging das zusammen?
HSB: Es war schwierig. Aber ich kann eben nichts anderes, ich kann sonst nicht viel.
HP: Ich bin von Kopf bis Fuß auf Kino eingestellt, das ist meine Welt und sonst gar nichts?
HSB: *(lacht)* Ja, wirklich. Nur wenn ich das mache, habe ich das Gefühl, dass ich das richtig kann. Da habe ich dann ein tiefes Vertrauen in mich selbst, in die Welt und in die Menschen.
HP: Das ist ja schon die Überschrift: Von Kopf bis Fuß auf Kino eingestellt.
HSB: Ja, aber nicht nur, weil Kino schön ist. Ich verachte das Kino auch. Kino ist irgendwie auch schrecklich. Schattenkunst. Das ist etwas Furchtbares.
HP: Also, Sie verachten diese Kunst, und Sie lieben sie?
HSB: Ja.
HP: Eine seltsame Mixtur.
HSB: Ja, ich weiß. Um mit Fassbinder zu sprechen: »Warnung vor einer heiligen Nutte«. Es war übrigens die erste Frage, die ich damals Pasolini gestellt habe. Ich habe ihn gefragt, ob Kino eine Kunst des Teufels oder des Himmels sei.
HP: Und was hat er geantwortet?
HSB: Beides *(lacht)*. Er hat gesagt: »Ich wusste, dass du mir so eine Frage stellen würdest, das habe ich dir angesehen.«

Helma Sanders-Brahms erklärt eine Szene am Set, im Hintergrund Martina Gedeck

HP: Eine Kunst des Teufels und des Himmels, und die Filmemacherin Helma Sanders-Brahms – immer zwischen Hölle und Himmel?
HSB: Immer zwischen Hölle und Himmel und immer mittendrin. Ja. Ich schaffe auch jedes Mal beides: die Hölle und den Himmel. Mir und den anderen Leuten. Ich weiß das. Wenn ich dann jedoch eine Szene ansehe, wie die im Hotel, die Malik mit Martina gespielt hat, dann weiß ich, es ist etwas Herrliches, den beiden dazu verholfen zu haben, so etwas zu schaffen. Aber die Hölle ist auch dann immer gleich mit drin.

»Das Klavier war der Schlüssel«

Die Schauspielerin Martina Gedeck über Clara Schumann, ihre Rolle im Film und die Zusammenarbeit mit Helma Sanders-Brahms

Von Hartmut Palmer

Hartmut Palmer: Die Dreharbeiten sind vorbei: Sind Sie erleichtert, oder spüren Sie so etwas wie eine »kreative Leere«?

Martina Gedeck: Ich fühle mich nach dieser Arbeit sehr erfüllt, sehr bereichert und bin auch ein bisschen wehmütig, dass es nun vorbei ist. Es war sehr schön, mit Helma Sanders-Brahms in diese Welt des neunzehnten Jahrhunderts einzutauchen, die für mich – und für uns alle – doch nur in unserer Vorstellung existierte. Die Gedichte von Heinrich Heine, die Kinderlieder von Brahms, die Musik von Schumann – das hat man ja irgendwann einmal gehört und gelesen, damit ist man aufgewachsen. Aber nun wurde diese Welt der Musik und der Romantik auf einmal haptisch, greifbar, fassbar, sehr real. Und die künstlerische Herausforderung bestand darin, das Rätselhafte, Ferne, fast Unzeitgemäße dieser Geschichte zu bewahren und sie zugleich ganz nah an uns heranzuholen. Denn eigentlich ist es eine hoch aktuelle Geschichte, die genauso auch heute passieren könnte.

HP: Sie meinen, die Rollenkonflikte, in die Clara als Mutter, Gattin, Geschäftsfrau und Virtuosin gerät, gibt es auch heute noch?

MG: Die sind immer noch aktuell. Und die Erkenntnis, dass es diese Konflikte auch vor hundertfünfzig Jahren schon gab und vermutlich auch künftig geben wird, könnte eines der Aha-Erlebnisse des Zuschauers oder der Zuschauerin sein.

HP: Wie haben Sie sich der Rolle »Clara Schumann« genähert?

MG: Ich hatte mich schon vor zwei Jahren sehr intensiv mit Clara und Robert Schumann beschäftigt, mit ihren Tagebüchern, ihren Briefen, ihren Leben, weil ich damals ein Hörbuch gemacht habe …

HP: … in dem Sie und der Schauspieler Sebastian Koch, ihr späterer Filmpartner in »Das Leben der Anderen«, abwechselnd aus Briefen und Tagebüchern von Robert und Clara Schumann vorlesen …

MG: … und das waren vor allem Texte aus den letzten Lebensjahren Robert Schumanns, also jener Zeit, in der auch der Film »Clara« spielt. Außerdem las ich viele Biografien, hörte Musik, lernte Dirigieren und ein bisschen Klavierspielen.

HP: Deckte sich denn die Rolle, die Sie im Drehbuch fanden, mit Ihren Vorstellungen über Clara Schumann?

MG: Also sagen wir mal so: Das Drehbuch – und die Regisseurin Helma Sanders-

Brahms – gaben mir die Möglichkeit, das, was ich als Eigenschaften der Clara Schumann zu kennen glaubte, auch tatsächlich einzubringen. Man muss sich ja bei der Gestaltung einer solchen Figur immer fragen: Welche Aspekte sollen zum Vorschein kommen? Welche der unzähligen Aspekte, die es da zu erzählen gibt, sind die wichtigsten?

HP: Und welche waren die wichtigsten: Clara, die Mutter; Clara, die Virtuosin; Clara, die Managerin eines nicht ganz einfach zu führenden Künstlerhaushalts; Clara, die Geliebte, die zwischen zwei genialen Männern steht und sich am Ende für ihre Unabhängigkeit entscheidet?

MG: Ja, das alles sollte irgendwie auftauchen: Ist es eine kalte oder ist es eine liebevolle Frau, eine große Künstlerin oder eine kühl kalkulierende Geschäftsfrau … Sie ist ja wohl, für unser Verständnis, ziemlich hart gewesen in ihren Entscheidungen und in ihrem Pragmatismus, vor allem die ältere Clara Schumann, die nach dem Tod ihres Mannes die Familie durchbringen musste.

HP: Also, Clara, die tüchtige Geschäftsfrau – ist das der dominierende Aspekt?

MG: Nein. Dominant ist Clara, die Künstlerin. Sie war – nach allem, was ich von ihr weiß – eine derart leidenschaftliche Konzertpianistin, dass sie ohne die Musik und ohne das Konzertieren nicht leben konnte. Sie hat als Zehnjährige ihre ersten Konzerte gegeben, und sie ist – kaum dass Schumann in die Klinik eingeliefert wurde und sie sich ihrer ehelichen Pflichten entledigen konnte – sofort wieder auf Tournee gegangen und hat das bis an ihr Lebensende betrieben. Sie hat oft davon gesprochen, dass sie aufhört, weil sie zu alt wird oder sich um die Kinder kümmern muss oder einfach krank ist, aber nein: Sie hat immer weiter und weiter und weiter konzertiert. Ich glaube allerdings nicht, dass sie eine leidenschaftliche Komponistin war und das Komponieren als ihre Berufung ansah.

HP: Sondern?

MG: Sie war eine Virtuosin, und damals war es üblich, dass Virtuosen auch ein bisschen was von sich spielen sollten, das wurde einfach erwartet. Jeder Starmusiker musste auch eigene Kompositionen spielen.

HP: Also waren Robert oder auch Brahms die idealen Partner für sie. Diese beiden wurden durch Claras Konzerte berühmt.

MG: Wobei ich nicht weiß, ob es ihr Ehrgeiz war, diese beiden berühmt zu machen. Sie hatte einen ziemlich sicheren Geschmack und wusste, welche Musik »taugt« und welche nicht, bzw. welcher Komponist »taugt« und nicht »taugt«. Und so hat sie natürlich klar erkannt – und zwar zu einer Zeit, als man Schumann noch nicht spielte, weil man ihn für zu kompliziert hielt, oder nicht verstand –, was für ein Genie in ihm steckte. Genauso war es mit Brahms. Die Klaviervirtuosin Clara Schumann hat beide, Schumann und Brahms, als eine der Ersten dem Publikum präsentiert.

HP: Wie aber spielt man eine Klaviervirtuosin, wenn man selbst nicht Klavier spielen kann?

MG: Das ist in der Tat die Schlüsselfrage, und zwar in des Wortes doppelter Bedeutung: Wie komme ich ins Innere dieser Figur Clara, wie erschließt sie sich mir? Meine Antwort wird Sie vielleicht verblüffen: Nicht die Biografien, nicht ihre Tage-

»Das Klavier war der Schlüssel«: Martina Gedeck am Klavier

buch- oder Brieftexte waren ausschlaggebend. Es war die Beschäftigung mit dem Instrument, das sie so meisterhaft beherrschte. Das Klavier war der Schlüssel. Ich war gezwungen, es zu erlernen, jedenfalls so weit spielen zu lernen, dass man hinterher im Kino glaubt, ich könnte es wirklich. Und bei dieser haptischen, sehr leibhaftigen Beschäftigung mit Musik habe ich wirklich begriffen, was diese Frau antrieb.

HP: Aber Sie konnten doch überhaupt nicht Klavier spielen, geschweige denn virtuos. Und wenn man Sie jetzt im Film am Flügel sieht, denkt man, die kann es wirklich. Wie lernt man das in so kurzer Zeit?

MG: Also, das war für mich eine der größten Bereicherungen in meinem Leben. Mein Klavierlehrer, Klaus Flashar aus Berlin, hat das wunderbar gemacht. Er hat sehr schnell begriffen, worum es geht. Nach der ersten Stunde hat er mir einen Spiegel hingestellt und gesagt: »Jetzt hauen Sie einfach mal in die Tasten, und wenn Sie dabei in den Spiegel sehen, werden Sie sehr schnell feststellen, dass das aussieht, als würden Sie Klavier spielen.« *(lacht)* Ja, und so hat er mir die Angst genommen. Ich hatte fast täglich Unterricht. Zusätzlich habe ich mit der Pianistin Löffler gearbeitet, die Meisterschüler ausbildet und auf ganz andere Dinge Wert legt. Bei ihr habe ich zum Beispiel eine Ahnung davon bekommen, was Klang überhaupt sein kann. Flashar ging etwas anders vor. Er hat zum Beispiel mit einer Videokamera seine eigenen Hände beim Spielen gefilmt. Und ich konnte mir die Videobänder angucken, konnte sehen, was die linke Hand macht, was die rechte Hand macht, was beide Hände machen. Damit hat er das Unmögliche möglich gemacht.

HP: Es wäre das Unmögliche geblieben, hat er mir gesagt, wenn Sie nicht in Ihrer Jugend Geige und Flöte gespielt und im Kirchenchor gesungen hätten.

MG: Das stimmt. Ich habe eine musikalische Vorbildung, ich kann Noten lesen, ich liebe Musik und habe sehr oft Musik gehört, klassische Musik, früher eigentlich permanent, heute nicht mehr so oft. Das habe ich alles mitgebracht. Aber er hat an mich geglaubt, das war wichtig. Außerdem besitzt er eine DVD-Kollektion »Hollywood goes piano« mit allen Hollywood-Schauspielern, die jemals in Kinofilmen Klavier gespielt haben. Das ist eine Dokumentation. Da sieht man, wie sie das einstudiert, wie lange sie geübt haben, wie echt das wirkt – das war für mich ein absoluter Glücksfall.

HP: Und wie haben Sie sich auf die Stücke vorbereitet, die Sie im Film spielen müssen?

MG: Flashar hatte einfach alles. Er fragte: »Was müssen Sie spielen? Schumanns Klavierkonzert Nummer eins? Das habe ich hier mit Martha Argerich, da ist sie Anfang zwanzig, das können Sie haben.« Ich gucke mir das an: Martha Argerich ist zwanzig und spielt dieses Klavierkonzert. Außerdem: eine Dokumentation über den Pianisten Sviatoslav Richter. Ich wollte natürlich wissen: An wem orientiere ich mich? Deshalb habe ich alle diese Filme angeguckt. Wie tritt der Pianist auf, wie kommt er auf die Bühne, wie setzt er sich auf den Klavierschemel, wie kommuniziert er mit dem Dirigenten, wie verbeugt er sich. Das war alles in dieser DVD-Sammlung. Und ich habe mir die Frauen angeguckt, die Pianistinnen in ihrer Ausstrahlung und Performance – und ich fand am wunderbarsten Sviatoslav Richter ...

HP: ... der aber als Vorbild für Clara doch wohl nur bedingt geeignet ist?

MG: Na ja, Clara Schumann muss leidenschaftlich Klavier gespielt haben, das tut Sviatoslav Richter auch. Die Art, wie er spielt, wie er in die Tasten greift, diese Lockerheit und diese Innigkeit, die Tiefe, die er beim Klavierspielen hat, das hat mir gefallen, daran habe ich mich orientiert. Nicht, dass man das jetzt unbedingt sieht, aber zumindest war es mir ein Halt.

HP: Wie lange hat das gedauert, bis Sie es einigermaßen konnten?

MG: Ich habe in dem Moment zu üben angefangen, als ich die Rolle bekam, das war vier Wochen vor Drehbeginn, und ich steckte noch in einer ganz anderen Produktion.

HP: »Meine schöne Bescherung« ...

MG: ... das ist eine Weihnachtskomödie, und während wir das drehten, habe ich mir ein Harmonium in die Garderobe stellen lassen und zu Hause ein Klavier und habe in jeder freien Minute geübt. Als wir mit »Clara« anfingen, konnte ich ein paar kleine Impromptus, aber mehr auch nicht. Helma und der Kameramann Jürgen Jürges wussten, dass sie das meiste würden doubeln lassen müssen. Aber eines Abends passierte etwas Überraschendes. Es war in Ungarn, in Kecskemét, wo die großen Konzerte aufgenommen wurden. Nach Ende der Dreharbeiten sah ich da das Filmklavier auf der Bühne stehen. Und ich dachte: Prima, da kannst du noch ein bisschen üben. Und während die Leute um mich herum ihre Geräte abbauten und überlegten, was sie am nächsten Tag drehen wollten, fing ich an, die ersten Takte des Klavierkonzerts von Schumann zu üben.

HP: Richtig laut am Flügel, in dem ganzen Gewimmel?

MG: Nein, natürlich nicht. Die Musik kam unhörbar für die anderen aus meinem Kassettenrecorder über Kopfhörer in mein Ohr, und das Klavier, an dem ich übte, war still gelegt. Ich konnte also üben, ohne die anderen zu stören. Ich wusste die Griffe, ich wusste die Rhythmen, ich wusste, wann das »Tamm-ta-ta-ta-ta-tamm« kommt. Das hatte ich perfekt einstudiert. Gerade den Anfang vom Schumann. Ich griff also in die Tasten. Und plötzlich sah Jürgen, der mit Helma redete, was ich da machte. Und er sagte: »Mensch, die spielt ja richtig Klavier, mach doch mal die Musik laut!« Ich habe den Recorder laut gestellt und gespielt, und beide freuten sich und beschlossen, ohne Double zu drehen.
HP: Und? Ist es gegangen?
MG: Ja, das ging.
HP: Klingt wie ein schönes Filmmärchen ...
MG: Aber das Beste kommt erst! Nachdem sie das Schumann-Konzert aufgenommen hatten, kam ein, zwei Tage später das Brahms-Konzert, das große Finale des Films. Da spielt erst mal das Orchester vier Minuten und dann das Klavier. Das hatte ich alles einstudiert, das war perfekt, drei Minuten sollte ich spielen, und dann sollte der Abspann kommen. Mir hatten sie gesagt: »Wenn der Abspann läuft, nehmen wir die Hände von dem Double.« Sie hatten alles eingerichtet, und ich spielte das Klavierkonzert bis zur Minute drei oder vier, was schon relativ lang ist, und ich merkte, Jürgen macht weiter, er macht einfach weiter, und den Rest dieses Satzes hatte ich noch nie in meinem Leben gehört. Ich hatte immer nur stoisch bis zur Minute drei oder vier geübt, und plötzlich merke ich, der macht ja weiter. Und ich muss auch weiter machen. Und dann haben die das acht Minuten lang gedreht! Ich weiß nicht, ob sie es benutzen können. Aber ich habe in großer Konzentration am Klavier gesessen und hatte plötzlich selbst das Gefühl: »Es geht!« Der Knoten war geplatzt.
HP: Bei einer anderen Szene war es ähnlich. Weil die Schauspielerin Christine Oesterlein, im Film die Köchin der Familie Schumann, ausgefallen war, musste das Drehbuch umgeschrieben werden. Statt der Köchin trat nun das Kindermädchen auf, um der Herrschaft zu kündigen. Und die Regisseurin hatte den Einfall, dass dies geschehen solle, während Clara Schumann die fis-Moll-Sonate von Brahms spielt.
MG: Ja, das war diese fis-Moll-Sonate, die ich schon vorher in der Szene mit Brahms und Schumann am Klavier gespielt hatte. Das ist wirklich ein hoch kompliziertes und komplexes Stück. Inzwischen kannte ich Helma etwas besser. Wenn sie sagt: »Du musst nur etwas vom Anfang oder vom Ende des Stückes spielen«, dann gucke ich mir vorsichtshalber lieber gleich das ganze Stück an. Und so war das dann auch. Sie sagte: »Spiel doch noch was aus der fis-Moll-Sonate«, und dann habe ich mir das ein paar Mal vom Band angehört und geübt, und dann ging das einigermaßen.
HP: Sie sagten vorhin, das Klavierspielen habe Ihnen den Zugang zu Clara Schumann eröffnet. Heißt das, dass man zumindest musikalisch sein und auch Klavier spielen können muss, um eine Virtuosin – oder eine Dirigentin – darzustellen, was Sie ja auch während der Dreharbeiten erst lernen mussten?

»Man muss nicht dirigieren können, um eine Dirigentin darstellen zu können«: Martina Gedeck am Pult

MG: Nein, man muss nicht unbedingt dirigieren können, um eine Dirigentin darstellen zu können, und auch keine Klaviervirtuosin sein. Aber die tage- und wochenlange Beschäftigung mit dem Klavier, der ständige wiederholte Versuch, Noten in Musik zu verwandeln, hat mir den Zugang zu Clara Schumann geöffnet. Natürlich waren auch die Biografien, Briefe und Tagebücher wichtig. Aber richtig begriffen habe ich die Virtuosin, die Künstlerin Clara Schumann wahrscheinlich erst am und durch das Klavier. Ich glaube übrigens, dass es diese leibhaftige Umsetzung von Noten in Musik war, was auch sie angetrieben hat. Sie war die Frau, die das, was Schumanns großer Geist hervorgebracht hatte, ins Irdische, ins Leben holte. Deshalb ist sie – im Gegensatz zu Schumann, der die Figur des Abgrunds, der Todessehnsucht und des Wahnsinns ist – für mich die Frau, die das Leben bejaht, die mit ihrer Musik ins Leben hineinragt und die sich daher – das ist in diesem Drehbuch auch sehr schön herausgearbeitet – in dem Augenblick von ihm trennt, in dem klar ist, dass Schumann sich tatsächlich das Leben nehmen wollte. Da hört für sie das Verständnis auf. Da begleitet sie ihn nicht mehr.
HP: Im Film schon.
MG: Im Film auch nicht.
HP: Im Film kommt sie zum Schluss zu ihm in die Irrenanstalt und füttert ihn …
MG: Das hat sie auch im tatsächlichen Leben getan. Sie ist kurz vor seinem Tod – aber eben erst wirklich kurz vor seinem Tod, vorher nie – in diese Klinik gekommen, und zwar zum ersten Mal.
HP: Die Ärzte hatten es verboten.

MG: Aber wenn sie es gewollt hätte –, sie war eine starke, energische Frau –, dann wäre sie zu ihm gegangen, niemand hätte sie aufhalten können. Nein, es gab einen Bruch in dieser wunderbaren Liebe. Dieser Bruch bahnt sich an, als er sich das Leben nehmen will, und wird dann endgültig vollzogen, als er sie und die Kinder verlässt und nach Endenich geht. Jedenfalls gehe ich bei meiner Interpretation der Rolle davon aus – und es ist ja auch verbrieft –, dass es so war. Als er sich entscheidet, dorthin zu gehen, als er den Übergang in das neue Leben vorbereitet, als er seine Siebensachen packt und geht, hat er sich um sie und um die Kinder nicht im geringsten geschert. Er hat sie tatsächlich verlassen. Er hat den Ring vom Finger genommen und hat ihn in den Rhein geworfen, und das war damals das Zeichen, die Ehe aufzukündigen. Er hat ihr die Ehe aufgekündigt und hat ihr gesagt oder geschrieben: »Nimm auch du deinen Ring und wirf ihn in den Rhein, dort werden sich beide Ringe vereinigen.«
HP: So sieht das, wenn ich ihn richtig verstanden habe, auch der Kameramann, der Clara immer in hellen Pastelltönen und lichter Umgebung und Robert in eher düsteren Farben malt.
MG: Ich denke, dass auch Helma das so sieht. Der Film baut das auch sehr schön auf. Clara ist eine ganz fröhliche Frau gewesen, das habe ich den Briefen entnommen, die sie geschrieben hat, sie war eine lustige Person, sie hatte Humor, und das war mir auch wichtig, zu Beginn der Geschichte zu zeigen, bevor dann diese ganze Tragödie ins Rollen kommt. Sie hat ja sehr früh Kinder gekriegt, und die hatte sie immer um sich. Da kommt etwas sehr Lustiges, Unbeschwertes zum Vorschein.
HP: Der Film erzählt allerdings auch die Geschichte einer durchaus erotischen Dreiecksbeziehung. Clara liebt ihren Robert und wird geliebt und verehrt von dem jungen Johannes Brahms. Schon zu Lebzeiten der beiden ist darüber getuschelt und getratscht worden, aber da viele der Briefe und Dokumente gezielt vernichtet wurden, rätseln die Biografen bis heute, ob es nun zu einem Verhältnis zwischen Clara und Johannes kam oder nicht.
MG: Ja, da ist entsetzlich viel herumspekuliert worden.
HP: Im Drehbuch wird das Problem salomonisch gelöst: Da gehen die beiden nach dem Tod von Robert in ein Hotelzimmer, aber dort läuft nichts. Helma Sanders-Brahms hält diese Hotelszene für eine der wichtigsten des Films. Sehen Sie das auch so?
MG: Ja, sie ist wirklich wichtig, oder sagen wir mal: Es war eine schwierige Szene und für uns eine große Herausforderung, die zu spielen.
HP: Warum?
MG: Weil es nicht einfach ist, auf eine Sterbeszene – Robert Schumann ist ja gerade erst gestorben – eine Bettszene folgen zu lassen und das dann richtig zu spielen.
HP: Und wie haben Sie das Problem gelöst?
MG: Es ist eine zwiespältige Gefühlslage, glaube ich. Sie möchte nicht allein sein nach dem Tode ihres Mannes, aber auf der anderen Seite will sie sich Brahms nicht hingeben in dieser Situation. Sie muss furchtbar weinen, als er sich ihr nähert. Sie bricht zusammen. Sie kann nicht mehr an sich halten. Sie ist eine sehr gefasste,

sehr kontrollierte Frau, die sich im Griff hat, sonst hätte sie nicht das leisten können, was sie geleistet hat. Aber in dem Moment bricht dieser Schmerz aus ihr heraus. Er nimmt sie dann natürlich in den Arm, er tröstet sie. Und damit ist es nicht mehr so wichtig, ob und wie sie nun die Nacht miteinander verbringen.

HP: Helma Sanders-Brahms sagt, alles andere wäre nicht gegangen. Sie war dankbar, dass Sie den Ausweg gefunden haben, in der Situation in Tränen auszubrechen.

MG: Helma hat uns, als wir über diese Szene redeten, etwas sehr Schönes gesagt: nämlich, dass diese beiden Menschen einander begehren, dass sie sich eigentlich vom ersten Moment an begehrt haben und dass dieser Erzählstrang, der den ganzen Film bis zu seinem Ende durchzieht, hier in dieser Szene seinen Höhepunkt und seine Auflösung findet. Er hat sie immer geliebt, aber nie berührt, nicht einmal in Freundschaft. Sie war für ihn immer tabu, das ist auch sichtbar in den Szenen, die vorher gelaufen sind, ohne dass darüber je gesprochen wurde.

HP: Nun aber sagt Johannes im Hotelzimmer: »Der Moment ist gekommen.« Und dieser Satz hat dem Schauspieler Malik Zidi ein gewisses Unbehagen bereitet. Er fürchtete, dass man dies nur so verstehen und spielen könne, als habe er es gar nicht erwarten können, dass Robert nun tot ist und er endlich mit ihr schlafen kann. Und das wäre fatal, weil er Clara in einem höheren Sinne liebt und verehrt.

MG: Man kann diesen Satz auch anders spielen, nämlich so, wie er es gemacht hat. Er erklärt in dieser Szene zwar seinen Verzicht, und auch sie sagt, niemals werde sie sich ihm hingeben, weil der Schatten des toten Robert überall sei. Aber was heißt das denn: »Ich werde dich nie nehmen. Ich werde bei jeder Frau, die ich im Arm halte, an dich denken«? Alles Quatsch – so wie Malik das gespielt hat, ist klar, dass da noch lange nicht aller Tage Abend ist. Mir jedenfalls war das klar. Und wenn ich Helma richtig verstanden habe, ist das auch in ihrem Sinne. Sie wollte, dass man merkt, wie sehr die beiden sich begehren. Und auf den Einwand, das gehe doch nicht angesichts des gerade miterlebten Todes von Robert, hat sie gesagt, es könne durchaus sein, dass Menschen gerade dann, wenn der Tod Einzug hält, umso lebendiger sein möchten.

HP: Und haben Sie das dann auch so gespielt?

MG: Ich weiß es nicht. Ich muss Ihnen ehrlich sagen: Wenn ich spiele, dann beobachte ich mich nicht. Deshalb kann ich mich in dem Moment nicht bewerten, und vor allen Dingen weiß ich nicht, wie es wirkt. Ich hatte plötzlich das Gefühl: Clara muss jetzt weinen, weil das dieses Dilemma auflöst, in dem sie steckt: dass sie ihn einerseits begehrt, aber andererseits jetzt, wo sie für ihn frei wäre, nicht zu ihm kann.

HP: Zumal es unmittelbar vor dieser Hotelszene die große Sterbeszene mit Robert gegeben hat.

MG: Eben. Und diese Sterbeszene halte ich ebenfalls für einen Höhepunkt des Films. Denn in dieser Szene nimmt sie ihn noch einmal in den Arm, und während sie sich küssen, haucht er sein Leben aus. Der Kuss wird zum Todeskuss. Da sind Eros und Tod ganz nah beieinander.

HP: Gab es eigentlich Eifersucht zwischen Robert Schumann und Johannes Brahms?

MG: Ja, ich denke, dass es die gegeben hat. Und auch das hat natürlich zu Irritationen geführt, zumal Robert für Brahms auch sehr positive, fast liebevolle Gefühle hegte. Er sagt nämlich: »Das wird mein Nachfolger.« Das bringt Helma in ihrem Drehbuch sehr pointiert zum Ausdruck.

HP: Es gibt die Szene im Weinkeller, da sagt sie, sie sei schon wieder schwanger, und als er fragt, ob das Kind von ihm sei, haut sie ihm eine runter, und er schlägt zurück, für beide eine ganz schreckliche Szene, weil Gewalt zwischen diesen beiden kultivierten Menschen eigentlich unvorstellbar und unmöglich ist. Er ist ein bisschen betrunken, aber furchtbar erschrocken über sich …

MG: Und er hat vor allem das Laudanum genommen …

HP: Das Morphium –, aber ohne, dass sie es weiß?

MG: Doch: Sie hat's ihm ja gegeben!

HP: Eigentlich der Tiefpunkt der Beziehung.

MG: Ja.

HP: Aber erstaunlicherweise verlässt sie ihn nicht.

MG: Ja, und insofern ist es ein Höhepunkt der Beziehung.

HP: Trotzdem: Eine Frau, die so selbstbestimmt ihr Leben organisiert, die so selbstbewusst auftritt, würde heute doch auf dem Absatz kehrt machen und gehen. Hat sie aber nicht getan …

MG: Na ja, sie liebt ihn! Und sie hat viele Kinder. Was wird aus denen, wenn sie geht? Ich weiß nicht, ob ihm oder ihr wirklich schon mal die Hand ausgerutscht ist, aber gestritten haben sie sich, und das nicht zu knapp! Und die Sache ist auch nicht gleich erledigt. Sie merkt im Weinkeller aber – und deshalb ist diese Szene wichtig –, dass es so unbeschwert nicht weiter geht, wie sie es sich wünscht. Und auch der Zuschauer merkt, dass eine andere Problematik immer stärker in den Vordergrund rückt …

HP: … sein beginnender Wahnsinn, der sich in entsetzlichen Kopfschmerzen ankündigt, die so unerträglich sind, dass er sie mit dem morphiumhaltigen Laudanum bekämpft.

MG: Und da gibt es dann später noch eine wunderbare Szene, die ich sehr liebe: Er kommt vom Dirigieren, er ist rausgeschmissen worden, er sagt: »Tausch will meinen Posten«, und Tausch hat seinen Posten schon, und er verlangt: »Gib mir Laudanum!«, und sie antwortet: »Ich habe keins mehr.« Und dann sagt er: »Ich brauche es jetzt«, und sie erklärt: »Pass mal auf, du bist krank, warum gehst du nicht nach Bonn zu diesem Richarz? Du brauchst richtig Hilfe!«

HP: Wovon er allerdings nichts wissen will.

MG: Er lässt sie einfach stehen, geht in sein Zimmer, und sagt: »Wenn ich sterben will, dann will ich es selber entscheiden, dieser Richarz ist mein Tod, wenn ich sterbe, dann will ich nicht einen langsamen Tod sterben, den mir jemand verabreicht, sondern dann mache ich das selber.«

HP: Das heißt, in diesem Moment kündigt er ihr den Selbstmord schon an, der später zum Bruch ihrer Liebe führen wird …

MG: So ist es. Und weil sie das unter allen Umständen vermeiden will, folgt sie ihm ins Zimmer, gibt ihm das Laudanum, und dann setzt sie sich zu ihm – und das ist eine ganz schöne Liebesszene zwischen den beiden: Sie weiß, dass er das Zeug nicht nehmen darf, sie weiß, dass sie es ihm nicht geben sollte, sie weiß aber gleichzeitig auch, sie muss ihm jetzt helfen. Und als er dann wieder mit Brahms anfängt, und Zweifel an ihrer Liebe äußert, da fährt sie nicht mehr aus der Haut, sondern sie sagt: »Robert, es war nichts. Vergiss es!« So würde man es heute sagen. Und dann erwidert er: »Wie auch immer, unser Kind soll Felix heißen, der Glückliche.« Er liegt auf dem Kanapé, sie legt sich auf ihn, und er nimmt sie in den Arm – das ist eine schöne Szene. Beide wissen, dass es ernst wird, sie wollen sich auch ersparen, darüber groß zu sprechen, sie sind beieinander, und was heißt dann noch: Eifersucht? Da wird etwas zwischen den Zeilen erzählt, das wir beim Drehbuchlesen noch gar nicht erkennen, das erst im Film Gestalt annimmt, begreifbar wird. Diese Filmszene steht für den ganzen Film. Es geht um eine fast dreißigjährige Lebens- und Liebesbeziehung, es geht um Abschied, Tod, Schmerz, Verlust. Und es geht darum, wie man das mit Würde und Anstand meistert, wie man damit umgeht. Deshalb liebe ich diese Szene ganz besonders.

HP: Ursprünglich war Isabelle Huppert für die Rolle der Clara vorgesehen. Kränkte es Sie, als Sie hörten, dass Sie nun die Lückenbüßerin spielen mussten?

MG: Nein, Helma wollte ja schon seit zehn Jahren den Film machen und hat sich mit Isabelle Huppert zusammengetan, genauso wie sich jemand anders mit mir zusammentut. Das finde ich normal. Ich finde es eher für sie schwierig, denn sie musste ja ganz umdenken. Und manchmal dachte ich, hoffentlich ist sie nicht enttäuscht! Sie hat den Film auf Isabelle Huppert zugeschrieben und die ganzen zehn Jahre mit ihr auch darüber kommuniziert. Und jetzt kommt plötzlich eine fremde Person ... Ich hätte gerne ein bisschen mehr Zeit gehabt, mit ihr in dem Projekt zu schwelgen.

HP: Und warum haben Sie trotzdem mitgemacht?

MG: Erstens ist es für mich immer ganz entscheidend, wer Regie führt. Ich fand das immer aufregend, was Helma gemacht hat. Ihre Filme waren immer etwas Besonderes. Mich hat sie als Regisseurin interessiert.

HP: Und zweitens?

MG: So eine Rolle kriegt man nicht alle Tage angeboten. Außerdem war das Drehbuch gut, die Kollegen waren interessant. Ich wollte immer schon mal so etwas spielen. So profan das klingt, ich habe noch nie eine historische Figur gespielt.

HP: Sie sagten vorhin: Diese Clara Schumann ist eine sehr moderne Frau, eigentlich könnte sie auch heute leben, weil die Rollenkonflikte die gleichen geblieben sind. Hat Helma Sanders Brahms in der Figur der Clara auch ein Stück von sich selbst entworfen?

MG: Seltsamerweise war Helma für mich immer eher das Gegenüber, sprich: einer der beiden Männer. Auf der anderen Seite hat sie aber oft auch die Position von Clara eingenommen, also sich selbst als Clara gesehen, in Bezug auf die beiden Schauspieler.

Das liebende Ehepaar Clara und Robert Schumann (M. Gedeck und P. Greggory)

HP: Clara kämpft in dem männerdominierten Musikbetrieb des neunzehnten Jahrhunderts um ihre eigene Rolle ...
MG: Ja, das ist absolut so ...
HP: ... so wie Helma in dem männerdominierten Filmgeschäft um ihre Rolle kämpft?
MG: Das sehe ich auch so. Es gibt diese Parallelen. Es ist zum Beispiel nicht ganz nachvollziehbar, warum ihre Arbeiten in Deutschland nicht den gleichen Stellenwert haben, wie die Arbeiten männlicher Kollegen ihrer Generation. Wie auch immer, es war eine sehr schöne Arbeit.
HP: Vielen Dank für das Gespräch.

Anhang

Die historischen Persönlichkeiten

Clara Josephine Schumann, geborene Wieck

- Geboren am 13. September 1819 in Leipzig als Tochter des Theologen und Musikpädagogen Friedrich Wieck und der Sängerin und Pianistin Marianne Tromlitz; Trennung der Eltern 1824
- Klavierstudium ab dem Alter von fünf Jahren sowie Improvisations- und Kompositionsunterricht
- Erster öffentlicher Auftritt mit zehn Jahren; Bekanntschaft mit Persönlichkeiten wie Johann Wolfgang von Goethe, Niccolò Paganini und Franz Liszt; Konzertreisen durch ganz Europa
- 1840 vor Gericht erzwungene Eheschließung gegen den Willen des Vaters mit dem neun Jahre älteren Robert Schumann, einem mittellosen Klavierschüler Friedrich Wiecks, den sie bereits als Kind lieben lernte
- Neun Niederkünfte in dreizehn Jahren, wobei die Kinder größtenteils außer Haus erzogen wurden; zwischendurch vermehrte Konzerttätigkeit und internationale Tourneen, um die Familie zu ernähren
- 1850 Umzug nach Düsseldorf, wo Robert zum Städtischen Musikdirektor berufen wird
- 1853 Begegnung mit dem vierzehn Jahre jüngeren Komponisten Johannes Brahms, einem Bewunderer Robert Schumanns, der eine Zeitlang in ihrem Düsseldorfer Domizil wohnt und sie leidenschaftlich verehrt
- Tod des Ehemanns Robert Schumanns am 29. Juli 1856 nach zweijährigem Aufenthalt in der Nervenheilanstalt Endenich bei Bonn

- 1863 Umzug nach Baden-Baden; erfolgreiche Konzertreisen in zahlreiche Städte Deutschlands und Europas
- 1878 Berufung als »Erste Klavierlehrerin« an das neu gegründete Hoch'sche Konservatorium in Frankfurt am Main; Herausgabe der Werke und Schriften Robert Schumanns
- 1891 letzter Konzertauftritt
- 1896 Schlaganfall und Tod nach wenigen Monaten am 20. Mai im Alter von sechsundsiebzig Jahren

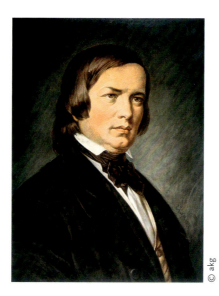

Robert Schumann

- Geboren am 8. Juni 1810 in Zwickau als Sohn des Buchhändlers und Verlegers August Schumann und seiner Ehefrau Christiane
- Mit sieben Jahren erster Klavierunterricht; 1828–30 Jurastudium in Leipzig und Heidelberg; weiterhin intensive Beschäftigung mit Musik: Klavierunterricht bei Friedrich Wieck sowie eigene musiktheoretische Studien anhand von Johann Sebastian Bachs Wohltemperiertem Klavier
- Beendigung der Pianistenlaufbahn wegen Fingerzerrung; verstärkte Kompositionstätigkeit sowie Gründung der *Neuen Zeitschrift für Musik* 1834 (u. a. mit Friedrich Wieck)
- 1840 Heirat mit Clara Wieck gegen den Willen ihres Vaters; im selben Jahr zahlreiche Liedkompositionen
- 1843 Berufung ans Leipziger Konservatorium dank Fürsprache Felix Mendelssohn Bartholdys; 1844 Chorleiter in Dresden; 1850 Städtischer Musikdirektor in Düsseldorf
- 1854 Selbstmordversuch als vorläufiger Höhepunkt einer vermutlich durch Syphilis begründeten manisch-depressiven Erkrankung; Einlieferung in die Nervenheilanstalt Endenich bei Bonn
- 29. Juli 1856 Tod in Endenich im Alter von sechsundvierzig Jahren

Johannes Brahms

- Geboren am 7. Mai 1833 in Hamburg als Sohn eines aus ärmlichen Verhältnissen stammenden Berufsmusikers
- Klavierunterricht ab dem Alter von sieben Jahren; erster öffentlicher Auftritt als Pianist drei Jahre später; Unterricht bei dem bekannten Musikpädagogen Eduard Marxsen
- 1853 »Kunstfahrt« mit dem ungarischen Geiger Eduard Reményi; Begegnung in Hannover mit dem Geiger Joseph Joachim und in Weimar mit Franz Liszt; Ende der Reise im September 1853 nach Begegnung mit dem Ehepaar Schumann
- 1856 Wegzug aus Düsseldorf nach Robert Schumanns Tod und Schweiz-Reise mit Clara
- 1857 Hofpianist, Dirigent des Hofchors und Musiklehrer der Prinzessin in Detmold; Komposition des ersten Klavierkonzerts und zahlreicher Lieder; (später wieder aufgelöste) Verlobung mit Agathe von Siebold; Rückkehr nach Hamburg
- 1862 längere Konzerttätigkeit in Wien; anschließend Dirigent der Wiener Singakademie
- 1864 Begegnung mit Richard Wagner
- 1871 Umzug nach Karlsruhe; Dirigent am »Haus der Musikfreunde«; rege Kompositionstätigkeit sowie intensiver Briefwechsel mit Clara Schumann
- 1873 Uraufführung der »Haydn-Variationen« in Wien mit überwältigendem Erfolg; weitere Komponiertätigkeit auf Sylt
- 1876 erste Sinfonie; 1877 zweite Sinfonie
- Finanzielle Unterstützung Clara Schumanns, aber auch anderer dank guten Einkommens als Komponist; diverse Reisen mit Theodor Billroth
- 1879 Ehrendoktorwürde der Universität Breslau; 1886 Ehrenpräsident des Wiener Tonkünstlervereins; 1889 Ehrenbürgerschaft der Stadt Hamburg
- 1893–1894 Tod der Freunde Hermine Spies, Theodor Billroth und Hans von Bülow
- 1896 Tod Clara Schumanns; Brahms Leberkrebs bricht hervor
- 1897 Uraufführung der vierten Sinfonie im März
- 3. April 1897 Tod von Johannes Brahms in Wien im Alter von vierundsechzig Jahren

Der Film

Inhalt

Schon die elfjährige Clara verliebt sich so tief in ihren jungen Lehrer Robert Schumann, dass sie ihre ungewöhnliche Begabung als Pianistin und Komponistin ganz in den Dienst dieser Liebe stellt. Ihr Vater will verhindern, dass sie auf einen eigenen künstlerischen Weg verzichtet. Aber sie setzt ihre Gefühle für Robert durch und heiratet ihn, um ihn und sein anwachsendes Werk mit großer Energie in ganz Europa bekannt zu machen.

Robert ermüden und erschöpfen die ständigen Tourneen. Nach einem umjubelten Konzert in Hamburg erleben Clara und Robert den jungen Johannes Brahms als Unterhaltungspianisten in einem der düsteren Wartelokale für Amerika-Emigranten. Clara fühlt sich zu Johannes hingezogen, dessen großes Talent sie sofort erkennt. Und Johannes verliebt sich zutiefst in die schöne und mutige Frau, die sein Leben bestimmen wird. Robert sehnt sich nach einem Zuhause, und Clara will ihre Kinder, die sie während der Auftritte in vielen Ländern und Städten bekommen und in die Obhut anderer Leute gegeben hat, endlich um sich haben.

Die Schumann-Familie lässt sich in Düsseldorf nieder, wo Schumann ein eigenes Orchester zur Aufführung seiner großen Werke erwartet. Aber Robert ist kein guter Dirigent. Er versteht sich nicht mit dem Orchester. Es drängt ihn viel zu sehr, an seinen immer kühneren Kompositionen zu arbeiten, und er kämpft mit Schmerzen und körperlicher Schwäche. Clara, die eigentlich für ihre eigene künstlerische Arbeit und ihre Kinder Zeit haben wollte, muss immer wieder einspringen. Aber auch sie hat es nicht leicht. Das Orchester akzeptiert nur widerwillig eine Frau als Dirigentin, zu dieser Zeit noch eine unerhörte Zumutung. Und der Chorleiter Tausch strebt selbst nach Roberts Stelle und will ihn als Musikdirektor verdrängen.

Der junge Brahms, der plötzlich vor der Tür steht und gleich in die Schumann-Familie aufgenommen wird, erscheint als rettender Engel. Spielerisch nimmt er Clara und den Kindern den Druck, der auf ihnen lastet, er hilft Clara bei der Bewältigung der sich häufenden Alltagsprobleme, und wann immer er Proben seiner Begabung gibt, sind diese überwältigend. Seine Bewunderung tut Clara wohl in einer Zeit, die ihr ständigen Verzicht abverlangt. Aber Roberts Zustand verschlechtert sich weiter. Trotz der glänzenden Erfolge seiner Kompositionen verliert er seine Stellung. Clara muss sich ständig um ihn kümmern, statt wieder auf Tournee zu gehen, wodurch sie den Unterhalt der Familie sichern könnte.

Robert spürt Johannes' Liebe zu Clara, und er erkennt, dass dieser überdies sein Nachfolger in der musikalischen Welt sein wird. Seine Eifersucht wie seine Großmut machen der schwangeren Clara und Johannes den Umgang mit ihm immer schwerer, bis Johannes schließlich das Haus und Düsseldorf verlässt, um selbst das Geld zu verdienen, mit dem die Familie überleben kann.

Der gemütskranke und mittlerweile auch drogenabhängige Robert stürzt sich zu Karneval in den Rhein, um Clara und die Kinder von sich zu befreien, aber sein Selbstmordversuch missglückt, und er lässt sich in eine Klinik einliefern, wo er operiert und von seinen Leiden geheilt werden soll.

Martina Gedeck als Clara Schumann und Malik Zidi als Johannes Brahms in trauter Zweisamkeit am Klavier

Johannes kehrt zu Clara und den Kindern zurück. Nach der Geburt ihres jüngsten Sohnes kann Clara wieder auf Tournee gehen und für Schumanns Kompositionen kämpfen, da Johannes bei den Kinder bleibt und für sie Robert in der Klinik besucht. Gerade noch rechtzeitig bringt er Clara zu ihrem sterbenden Mann, der in ihren Armen seinen letzten Atemzug tut.

Der Weg wäre nun frei für die Liebe zwischen Clara und Johannes. Aber Clara verweigert sich einer neuen Verbindung, für die sie nach ihrem Leben mit Robert nicht noch einmal die Kraft hat. Und Johannes fügt sich dieser Entscheidung, die für beide lebenslang gelten wird, wie ihre – wenn auch unerfüllte – Liebe.

Bio- und Filmografien

Helma Sanders-Brahms (Regie) wurde 1940 in Emden geboren. Sie besuchte in Hannover eine Schauspielschule für Musik und Theater, studierte in Köln Germanistik und Anglistik, war 1965 Fernsehansagerin beim *WDR* und absolvierte Hospitanzen bei Sergio Corbucci und Pier Paolo Pasolini. 1970 gründete sie die Helma Sanders Filmproduktion und konzentrierte sich auf eigene Kurz-, Spiel- und Dokumentarfilme für Fernsehen und Kino. Sie ist als Autorin, Hörspielautorin, Regisseurin und Produzentin aktiv.

Filmografie (Auszug)

2008	**Clara**: Drehbuch, Regie, Produktion
2003	**Die Farbe der Seele**: Drehbuch, Regie, Produktion (Nominierung Filmfest Emden)
1996	**Mein Herz – niemandem!**: Drehbuch, Regie, Produktion, Schnitt (Nominierung Filmfest Emden; Nominierung Cinequest – San Jose Film Festival)
1995	**Die Nacht der Regisseure**: Darstellerin
1992	**Apfelbäume**: Drehbuch, Regie
1989	**Manöver**: Drehbuch, Regie, Produktion
1987	**Felix**: Drehbuch, Regie
1986	**Laputa**: Drehbuch, Regie (Preis der Jury Montréal World Film Festival)
1984	**Flügel und Fesseln**: Drehbuch, Regie
1982	**Die Erbtöchter**: Drehbuch, Darstellerin, Regie
1980	**Vringsveedeler Triptychon**: Drehbuch, Regie, Produktion, Schnitt
1979	**Deutschland bleiche Mutter**: Drehbuch, Regie, Produktion (Nominierung für den Goldenen Bären; Auszeichnung Créteil International Women's Film Festival)
1977	**Heinrich**: Drehbuch und Regie (Deutscher Filmpreis für das Drehbuch)
1976	**Shirins Hochzeit**: Drehbuch und Regie (Auszeichnung Baden-Baden TV Film Festival)
1975	**Unter dem Pflaster ist der Strand**: Drebhuch, Regie, Produktion (Deutscher Filmpreis für die Hauptdarsteller Heinrich Giskes und Grischa Huber)
1974	**Die letzten Tage von Gomorrha**: Drehbuch und Regie
1974	**Erdbeeren in Chili**: Drehbuch, Regie

Martina Gedeck (Clara Schumann) absolvierte ihre Schauspielausbildung am Max-Reinhardt-Seminar der Universität der Künste in Berlin. Sie spielte an verschiedenen deutschen Bühnen, u.a. am Schauspielhaus Hamburg, am Theater am Turm in Frankfurt am Main und an den Kammerspielen in Hamburg. Gleichzeitig begann sie, Filme zu drehen. Ihr filmisches Schaffen umfasst Filme wie »Bella Martha«, »Elementarteilchen« und »Das Leben der Anderen«, der 2007 mit dem Oscar ausgezeichnet wurde. Auf der Bühne überzeugte sie zuletzt als Minna von Barnhelm am Deutschen Theater Berlin. Martina Gedeck wurde mit zahlreichen bedeutenden Film- und Fernsehpreisen geehrt und war außerdem 2006 Jurymitglied bei den Berliner Filmfestspielen.

Filmografie (Auszug)

2008	**Clara**: Regie Helma Sanders-Brahms	
	Der Baader Meinhof Komplex: Regie Ulrich Edel	
2007	**Meine schöne Bescherung**: Regie Vanessa Jopp	
2006	**Aus dem Nest gefallen**: Regie Christoph Stark	
2005	**Un ami parfait**: Regie Francis Girod	
	Der gute Hirte: Regie Robert de Niro	
	Sommer 04: Regie Stephan Krohmer	
	Elementarteilchen: Regie Oskar Röhler	
2004	**Das Leben der Anderen**: Regie Florian Henckel v. Donnersmarck	
2003	**Der Stich des Skorpion**: Regie Stefan Wagner	
	Hunger auf Leben: Regie Markus Imboden	
2002	**Bella Martha**: Regie Sandra Nettelbeck	
	Ins Leben zurück: Regie Markus Imboden	
2001	**Verlorenes Land**: Regie Jo Baier	
2000	**Oh Palmenbaum**: Regie Xaver Schwarzenberger	
	Romeo: Regie Hermine Huntgeburth	
1999	**Scheidung auf Amerikanisch**: Regie Sherry Hormann	
1998	**Alles Bob**: Regie Otto Alexander Jahrreiss	
	Grüße aus der grünen Wüste: Regie Anno Saul	
	Deine besten Jahre: Regie Dominik Graf	
1997	**Frau Rettich, die Czerni und ich**: Regie Markus Imboden	
1997/98	**Der Laden**: Regie Jo Baier	
	Bella Block: Regie Markus Imboden	
1996	**Das Leben ist eine Baustelle**: Regie Wolfgang Becker	
	Rossini: Regie Helmut Dietl	
	Der Neffe: Regie Gabriela Zerhau	
1995	**Stadtgespräch**: Regie Rainer Kaufmann	
	Der schönste Tag im Leben: Regie Jo Baier	
1994	**Die Hölleisengretl**: Regie Jo Baier	
1992	**Krücke**: Regie Jörg Grünler	

Pascal Greggory (Robert Schumann) wurde 1954 in Paris geboren. Er gehörte als Zwölfjähriger dem Chor der Opéra an und absolvierte die Schauspielschule Pérmony, bevor er 1975 in der dramatischen Komödie »Doktor Françoise Gailland« debütierte und als Sohn von Klaus Kinski im Erotikfilm »Madame Claude« zu sehen war. Heute zählt er zu den wohl wandlungsfähigsten und ausdrucksstärksten Charakterdarstellern Frankreichs. Für »La confusion des gendres« und »Wer mich liebt, nimmt den Zug« wurde er zwei Mal für den César nominiert und 2000 in Puchon für die dramatische Komödie »Pourquoi se marier le jour de la fin du monde?« als Bester Darsteller ausgezeichnet.

Filmografie (Auszug)

2008	**Clara**: Regie Helma Sanders-Brahms
2007	**La France**: Regie Serge Bozon
	La vie en rose (La Môme): Regie Olivier Dahan
2006	**Das Mädchen, das die Seiten umblättert** (La Tourneuse de pages): Regie Denis Dercourt
	Pardonnez-moi: Regie Maïwenn Le Besco
2005	**Gabrielle – Liebe meines Lebens** (Gabrielle): Regie Patrice Chéreau
2004	**Arsène Lupin**: Regie Jean-Paul Salome
2003	**Raja**: Regie Jacques Doillon
2002	**Das tödliche Wespennest** (Nid de guêpes): Regie Florent Emilio Siri
	La vie promise: Regie Olivier Dahan
2001	**Pourquoi se marier le jour de la fin du monde**: Regie Harry Cleven
	24 Stunden aus dem Leben einer Frau: Regie Laurent Bouhnik
2000	**La Fidelité**: Regie Andrzej Zulawski
	La confusion des gendres: Regie Ilan Duran Cohen
1999	**Johanna von Orleans** (The Messenger: The Story of Joan of Arc): Regie Luc Besson
	Die wiedergefundene Zeit (Le temps retrouvé): Regie Raoul Ruiz
	Un ange: Regie Miguel Courtois
1998	**Wer mich liebt, nimmt den Zug** (Ceux qui m'aiment prendront le train): Regie Patrice Chéreau
	Knastbrüder (Zonzon): Regie Laurent Bouhnik
1997	**Lucie Aubrac**: Regie Claude Berri
1994	**Die Bartholomäusnacht** (La reine Margot): Regie Patrice Chéreau
1993	**La soif d'or**: Regie Gérard Oury
1992	**Der Baum, der Bürgermeister und die Mediathek** (L'arbre, le maire et la médiathèque): Regie Eric Rohmer
1982	**Pauline am Strand** (Pauline à la Plage): Regie Eric Rohmer
1979	**Die Schwestern Brontë** (Les soeurs Brontë): Regie André Téchiné

Malik Zidi (Johannes Brahms), 1975 in Frankreich als Sohn einer algerisch-bretonischen Familie geboren, zählt fraglos zu den viel versprechendsten Talenten seines Landes. 2001 wurde er von der European Film Promotion zu Europas »Shooting Stars« gezählt. Im selben Jahr wurde er für seine Rolle in François Ozons »Gouttes d'eau sur pierres brûlantes« als Bester Nachwuchsschauspieler für den *César* nominiert. Weitere Nominierungen in der selben Kategorie folgten 2003 für »Un moment de bonheur« und 2005 für »Les temps qui changent«, wo er an der Seite von Catherine Deneuve und Gérard Depardieu unter der Regie von André Téchiné spielte. 2007 erhielt er den *César* für seine schauspielerische Leistung in »Les amitiés maléfiques«.

Filmografie (Auszug)

2008	**Clara**: Regie Helma Sanders-Brahms
2007	**Jacquou le croquant**: Regie Laurent Boutonnat
2006	**Les Oiseaux du ciel**: Regie Eliane de Latour
	Le Grand Meaulnes: Regie Jean-Daniel Verhaeghe
	Les Amitiés maléfiques: Regie Emmanuel Bourdieu
2005	**Looking for Cheyenne** (Oublier Cheyenne): Regie Valerie Minetto
	Les temps qui changent: Regie André Téchiné
2003	**Mes enfants ne sont pas comme les autres**: Regie Denis Dercourt
2002	**Un monde presque paisible**: Regie Michel Deville
2001	**Sa mère, la pute**: Regie Brigitte Roüan
	Un moment de bonheur: Regie Antoine Santana
1999	**Tropfen auf heiße Steine** (Gouttes d'eau sur pierres brûlantes): Regie François Ozon
1998	**Les corps ouverts**: Regie Sébastien Lifshitz
	Place Vendôme: Regie Nicole Garcia

Produktionsdaten

Titel:	CLARA
Land:	Deutschland / Frankreich / Ungarn
Kategorie:	Kino / Spielfilm
Produktionsfirmen:	Integralfilm, München
	Helma Sanders Filmproduktion, Berlin
Produzenten:	Alfred Hürmer
	Helma Sanders-Brahms
Koproduktionsfirmen:	Mact, Paris
	Objektiv Filmstudio, Budapest
	B.A. Produktion, München
	Arri Media Worldsales, München
Koproduzenten:	Martine de Clermont-Tonnerre
	János Rózsa
	Franz Kraus
	Antonio Exacoustos
Regie:	Helma Sanders-Brahms
Drehbuch:	Helma Sanders-Brahms
Kamera:	Jürgen Jürges
Budget:	4,7 Millionen Euro
Förderung:	Filmstiftung NRW, Medienboard Berlin-Brandenburg, Eurimages, FFA, BKM
Drehtage:	40
Drehorte:	Deutschland, Ungarn
Besetzung:	Martina Gedeck als Clara Schumann
	Pascal Greggory als Robert Schumann
	Malik Zidi als Johannes Brahms

Weiterführende Literatur

Ackermann, Peter; Schneider, Herbert: Clara Schumann. Komponistin, Interpretin, Unternehmerin, Ikone: Bericht über die Tagung anlässlich ihres 100. Todestages, veranstaltet von der Hochschule für Musik und Darstellende Kunst und dem Hoch'schen Konservatorium in Frankfurt, Olms, Hildesheim, 1999
Beci, Veronika: Robert und Clara Schumann, Artemis & Winkler, Düsseldorf 2006
Borchard, Beatrix: Clara Schumann. Ihr Leben, Ullstein/Ullstein Tb, Berlin 1991/1994
Burk, John: Clara Schumann. A Romantic Biography, Random House, New York 1940
Höcker, Karla: Clara Schumann: die große Pianistin ihrer Zeit, die Lebensgefährtin Robert Schumanns, die Freundin von Johannes Brahms, Dtv, München 1990 (8. Aufl.)
Klassen, Janina: Clara Schumann, Böhlau, Köln 2005
Kühn, Dieter: Clara Schumann, Klavier. Ein Lebensbuch. Erweiterte Neufassung, S. Fischer Verlag, Frankfurt am Main 1998
Lépront, Catherine: Clara Schumann – Künstlerleben und Frauenschicksal, Heyne, München 1992 (3. Aufl.)
Litzmann, Berthold: Clara Schumann – Ein Künstlerleben. Nach Tagebüchern und Briefen. 3 Bände, Olms, Hildesheim (Nachdruck der Ausgabe von Breitkopf und Härtel) 1923–1925
Litzmann, Berthold (Hrsg.): Clara Schumann – Johannes Brahms, Briefe aus den Jahren 1853 bis 1896. 2 Bände, Breitkopf und Härtel, Leipzig 1927
Lossewa, Olga: Die Russlandreise Robert und Clara Schumanns (1844), Schott, Mainz 2004
Quednau, Werner: Clara Schumann, Altberliner Verlag, Berlin 1958 (5. Auflage)
Reich, Nancy B.: Clara Schumann. The Artist and the Woman. Revised Edition, Cornell University Press, London 2001
Reich, Nancy B.: Clara Schumann. Romantik als Schicksal. Eine Biographie, Rowohlt Tb, Reinbek 1995 (3. Aufl.)
Steegmann, Monica: Clara Schumann, Rowohlt Tb, Reinbek 2001
Weissweiler, Eva: Clara Schumann. Eine Biographie, Dtv, München 1996 (4. Aufl.)

Anmerkungen

Clara – ein Lebensprojekt nimmt Gestalt an

1. Aus: »Cäcilia« – Ein Taschenbuch für Freunde der Tonkunst, 1. Jg. 1833, zitiert nach: Beatrix Borchardt: Clara Schumann. Ihr Leben, Ullstein Tb, Berlin 1991/1994, Seite 23
2. Zitate, die hier nicht näher belegt sind, entstammen persönlichen Gesprächen des Autors mit den Beteiligten.
3. FAZ vom 16. Mai 2006
4. So war es in der Tat: Mit dem virtuosen Spiel des Wunderkindes Ana begann der fertig geschnittene Film. Später aber fiel die ganze Szene der Schere zum Opfer, weil der Film auf Fernsehlänge gekürzt werden musste.
5. Helma Sanders-Brahms: Das Dunkle zwischen den Bildern, Verlag der Autoren, Frankfurt am Main 1992
6. Ebda.
7. Peter Schamoni hat 1983 daraus einen großartigen abendfüllenden Film gemacht, mit Nastassja Kinski als Clara, Rolf Hoppe als Wieck und dem gerade durch Wolfgang Petersens Seekriegsdrama »Das Boot« bekannt gewordenen Herbert Grönemeyer als Robert Schumann.
8. Monica Steegmann: Clara Schumann, Rowohlt Tb, Reinbek 2001
9. Helma Sanders-Brahms im Interview mit dem Verlag der Autoren, November 2007
10. Einmal den UfA-Film »Träumerei,« der im vorletzten Kriegsjahr 1944 entstand, mit Matthias Wiemann als Robert Schumann, Hilde Krahl als Clara Schumann und Ulrich Haupt als Johannes Brahms. Und das Hollywood Remake aus dem Jahr 1947, mit Katherine Hepburn als Clara und Paul Henreid als Robert Schumann.

11 Helma Sanders-Brahms im Interview mit dem Verlag der Autoren, November 2007
12 Helma Sanders-Brahms: Das Dunkle zwischen den Bildern, Verlag der Autoren, Frankfurt am Main 1992
13 Luciano de Crescenzo: Meine Traviata, Knaus Verlag, München 1994
14 »Meine schöne Bescherung«, Film von Vanessa Jopp mit Martina Gedeck, Heino Ferch u.v.a.
15 Helma Sanders-Brahms im Interview mit dem Verlag der Autoren, November 2007
16 Ebda.
17 Alle Zitate unter Pascal Greggory in www.kino.de
18 Helma Sanders-Brahms, im Interview mit dem Verlag der Autoren, November 2007
19 Ebda.
20 Zitiert in Dieter Kühn: Clara Schumann, Klavier. Ein Lebensbuch, S. Fischer, Frankfurt am Main 1998, Seite 456
21 Ebda.
22 Helma Sanders Brahms im Interview mit dem Verlag der Autoren, November 2007
23 Ebda.
24 Oliver Storz: Laudatio auf Nikola Hoeltz 2007 in: www.sfk-verband.de/content/view/417/2/
25 Helma Sanders-Brahms im Interview mit dem Verlag der Autoren, November 2007
26 Safranski, Rüdiger: Romantik. Eine deutsche Affäre, Büchergilde Gutenberg, Frankfurt am Main 2008
27 Ders. im Deutschlandradio
28 Helma Sanders-Brahms im Interview mit dem Verlag der Autoren, November 2007
29 Helma Sanders-Brahms: Das Dunkle zwischen den Bildern, Verlag der Autoren, Frankfurt am Main 1992
30 Helma Sanders-Brahms im Interview mit dem Verlag der Autoren, November 2007
31 Helma Sanders-Brahms im Gespräch mit dem Autor
32 Helma Sanders-Brahms im Interview mit dem Verlag der Autoren, November 2007
33 Ebda.
34 So jedenfalls entsprach es der seit vielen Generationen in der Verwandtschaft kolportierten Familienlegende. Meine Recherchen hatten allerdings ein etwas differenzierteres Ergebnis: Dass die Familie des Kameramannes Jürges mit der Familie des Komponisten Schumann verwandt war, steht wohl außer Frage. Die Großmutter von Jürgen Jürges, Ida Jürges (1880–1946), war eine geborene Schumann. Deren Urgroßvater wiederum war Johann Gotthelf Schumann (1777–1839), der ein Bruder (oder Halbbruder) des Vaters von Robert Schumann war. Robert Schumann wäre dann nicht der Bruder, sondern der Neffe von Jürgen Jürges' Ur-Ur-Ur-Großvater gewesen bzw. der Ur-Ur-Ur-Großvater ein Onkel des Komponisten.

Clara – Fotografische Impressionen

1 Aus: »Cäcilia – Ein Taschenbuch für Freunde der Tonkunst« 1. Jg. 1833, zitiert nach Beatrix Borchard: Clara Schumann. Ihr Leben, Ullstein Tb, Berlin 1991/1994, Seite 23
2 Ebda., Seite 95
3 Ebda., Seite 41
4 Ebda., Seite 167
5 Ebda., Seite 167
6 Ebda., Seite 173
7 Ebda., Seite 243
8 Ebda., Seite 340
9 Ebda., Seite 239
10 Ebda., Seite 240
11 Ebda., Seite 250
12 Ebda., Seite 245
13 Ebda., Seite 245
14 Ebda., Seite 244